GÜTERSLOHER
VERLAGSHAUS

Gütersloher Verlagshaus. Dem Leben vertrauen

99 *Minuten* Bibel

Gütersloher Verlagshaus

Bibliografische Information der Deutschen Nationalbibliothek
Die Deutsche Nationalbibliothek verzeichnet diese Publikation in der Deutschen Nationalbibliografie; detaillierte bibliografische Daten sind im Internet über http://dnb.d-nb.de abrufbar.

2. Auflage, 2007

Umschlaggestaltung: schwecke.mueller
Werbeagentur GmbH, München
Satz: Buch-Werkstatt GmbH, Bad Aibling
Druck und Einband: Clausen & Bosse, Leck
Printed in Germany
ISBN 978-3-579-06454-3

www.gtvh.de

Vorwort

Die Bibel ist ein Klassiker. Obwohl sie sehr viele Seiten enthält, versuchen viele, sie zu lesen. Dabei stoßen sie auf zahlreiche Geschichten, die zwar interessant sind, aber auch langatmig. Man verliert schnell den Überblick.

Das ist verständlich, weil die Bibel, die aussieht wie ein einziges Buch, in Wirklichkeit eine Textsammlung ist. Es gibt darin Liebeslieder und Sachberichte, aber auch Erfolgserzählungen und sogar Horrorvisionen. Manches wurde mehrfach überliefert, anderes oft verändert. Und auch die Reihenfolge wurde mehrfach umgestellt. Das macht es schwer, die Bibel einfach durchzulesen.

Bevor die Geschichten der Bibel zu Texten wurden, wurden sie von Menschen – vielleicht an Lagerfeuern – einfach erzählt. Eltern gaben ihren Kindern mit Händen und Füßen weiter, was sie selbst von den Großeltern gehört hatten. So entstand eine lebendige Tradition. Wer die Bibel liest, hört den Menschen von früher zu, die ihre Erfahrungen mit Gott gemacht haben.

Weil das Ganze schon sehr lange her ist, entsteht ein weiteres Problem, wenn man die Bibel einfach von vorn bis hinten durchlesen will. Die meisten Texte sind vor mehr als 3.000 Jahren entstanden. Oder, wenn man an Jesus denkt, zumindest vor fast 2.000 Jahren. Wir können uns das alles nur schwer vorstellen. Und uns erreicht kaum, wie begeistert die Menschen damals von Gott waren. Auch das ist ein Grund, warum viele das »Buch der Bücher« wieder zur Seite legen.

Diese 99-Minuten-Bibel hilft allen, die sich einen Überblick über das verschaffen wollen, was in der Bibel steht. Sie ist keine neue Bibel, sondern will nur Appetit auf mehr machen. In 99 Minuten können Sie hier lesen, was die Bibel erzählt. Und dann werden Sie hoffentlich Lust haben, zur richtigen Bibel zu greifen und genauer nachzulesen. So geben Sie langsam dem Geist Raum, in dem dieses Buch entstanden ist.

Sie werden nach 99 Minuten eine Begeisterung spüren, die eigentlich gar nicht alt werden *kann.*

Bruder Paulus Terwitte

Inhalts-übersicht

Kernaussage des jeweiligen Kapitels

Bibelstellenverweis

Altes Testament

1 Die Urgeschichte (Genesis 1,1–11,9)

Der Mensch ist Gottes Ebenbild. Obwohl er sterblich ist, atmet er vom ewigen Leben Gottes. Frei wird der Mensch, wenn er den Schöpfer seiner Freiheit anerkennt.

2 Abraham, der Wanderer

(Genesis 11,10–25,26)

Gott sucht nach Menschen, die ihm treu sind. Aus der Verheißung an Abraham entsteht das Judentum. Auch die Christen und Muslime erkennen den Bund Gottes mit Abraham an. Der Dialog der Religionen beginnt mit dem Glauben an Gottes Bund mit den Menschen.

3 Isaak, Jakob, Josef und seine Brüder

(Genesis 25,27–50,26)

Gottes Segen lässt sich auch durch Betrügereien der Menschen untereinander nicht aufhalten. Wer lange genug warten kann, wird erkennen, wie treu sich Gott um seine Gesegneten kümmert.

4 Moses und der Weg in die Freiheit

(Exodus 1,1–18,27)

Der Mensch kann nur mit Gott wirklich frei sein. Die Kraft, die Gott uns gibt, fördert Selbstbestimmung und schwächt Fremdbestimmung.

5 Die Zehn Gebote – Grundregeln Gottes

(Exodus 19,1–40,38)

Das menschliche Leben braucht eine Ordnung. Diese wird nicht von Menschen erfunden, sondern Menschen finden sie, wenn sie bereit sind, nichts höher zu schätzen als Gott und seine Gebote.

6 Josua und die Zeit der Richter

(Levitikus, Numeri, Deuteronomium, Josua, Richter)

Wer von Gott viel geschenkt bekommt, vergisst Gott schnell. Alle Niederlagen im Leben sind Chancen, mit denen uns Gott neu schaffen will.

7 Samuel und Saul (1 Samuel)

Wenn Gott einen Menschen erwählt, ist damit noch keine Garantie verbunden, dass dieser Gott treu bleibt.

8 König David (2 Samuel, 1 Könige 1,1–2,46)

Gottes Atem reicht länger als der Atem von Menschen. Auch wenn Menschen schuldig werden, sie können Gottes Willen zum Heil nicht brechen.

9 Salomo und sein Königreich (1 Könige 3,1–11,43)

Wer eine große Verantwortung übertragen bekommt, muss Acht geben, dass er die Grenzen beachtet, die damit verbunden sind.

10 Der Prophet Elija (1 Könige 12,1 – 2 Könige 10,36)

Die politisch Mächtigen sind nicht immer die wirklich Mächtigen. Am meisten bewegen Menschen, die allein von Gott bewegt sind.

11 Jesaja: Gott baut Israel von innen auf (Jesaja 1,1–39,8)

In jeder bedrohlichen Situation schickt Gott Menschen, die mehr sehen, als unsere Angst zulässt. Sie sind Propheten, die sich in aller Ruhe die Welt mit Gottes Augen anschauen.

12 Jonas Rettung (Jona)

Die Menschen haben gerne neue Chancen, wir geben sie aber nicht gerne. Gott macht uns Mut, an das Gute im Anderen zu glauben.

13 Jeremia: Der Untergang des Südreiches (2 Könige 11,1–25,30, Jeremia)

Wer an Gott glaubt, bekommt nicht alle seine Wünsche erfüllt. Gott macht uns kritisch gegenüber unseren Vorstellungen vom Glück.

14 Fremde und Heimkehr

(Ezechiel, Jesaja 40,1–66,19, Haggai, Sacharja, Esra, Nehemia)

Mit Gottes Hilfe können wir unseren Teil dazu beitragen, dass die Welt gerechter wird. Er bleibt auch dann bei uns, wenn wir es nicht ganz schaffen.

15 Weisheit und Dichtung der Bibel

(Hiob, Kohelet)

Wer an Gott glaubt, bekommt Distanz zu den Problemen des Alltags. Er kann viele neue Zusammenhänge entdecken und gute Lösungen finden.

16 Die Psalmen: Liederbuch der Bibel

(Psalmen)

Beten reinigt die Seele. Für Gott ist nichts zu unbedeutend und nichts zu schwer oder zu schön, dass man es nicht vor ihm zum Ausdruck bringen darf.

17 Auf dem Weg zur Zeitenwende

(Daniel, Makkabäer, Jesus Sirach)

Das Volk Gottes muss lernen, das Gottes Herrschaft mehr und anderes meint als politische Gewalt. Gott gibt Kraft und Weisheit, in jeder Situation nach dem Guten und Richtigen zu fragen und es zu tun.

Neues Testament

18 Zacharias und Maria (Lukas 1)

Gott beginnt eine neue Geschichte mit den Menschen. Die Kraft, die Abraham erfahren hat, entfaltet sich endgültig und auf ganz neue Weise durch die Menschwerdung von Jesus in Maria.

19 Jesus wird geboren (Lukas 2,1–40)

Mit Jesus bringt Gott einen Menschen in die Welt, durch den er den Menschen ganz nahe kommt und durch den alle Menschen Gott nahe sein können.

20 Jesu Kindheit und Jugend

(Matthäus 2, Lukas 2,41–52)

Mächtige Menschen tun viel Unrecht, wenn sie Angst um ihre Macht bekommen. Gottes Macht ist anders. Er ist mit Jesus still und einfach in der Welt.

21 Jesu Taufe und Versuchung

(Matthäus 3,1–4,11)

Auch wer eng mit Gott verbunden lebt, muss durch die normalen Probleme des Alltags gehen. Diese werden für ihn jedoch zu Herausforderungen, an denen man wachsen kann.

22 Jesus geht in die Öffentlichkeit

(Markus 1,14–20, Lukas 4,16–30; 7,18–23, Matthäus 14,3–12)

Jesus bringt die Menschen auf neue Gedanken. Aber sie finden immer wieder Gründe, an ihrem alten Denken festzuhalten.

23 Jesus provoziert seine Zeitgenossen

(Markus 1,21–28; 2,1–12, Lukas 9,14–17; 13,10–17; 14,1–6; 15,1)

Jesus geht mit religiösen Fragen anders um als seine Zeitgenossen. Er stellt Gott und den Nächsten in den Mittelpunkt.

24 Jesus schafft eine neue Familie

(Matthäus 10; 12,46–50, Lukas 8,1–3; 10,1–24)

Christen sind Mitarbeiter Jesu. Sie handeln im Namen und im Auftrag ihres Herrn für die Welt, um sie aktiv mitzugestalten.

25 Jesus predigt auf dem Berg

(Matthäus 5,1–7,29)
Die Botschaft Jesu lässt sich leicht zusammenfassen. Sie ist für keinen zu schwer. Es sind ganz einfache Prinzipien.

26 Jesus betet

(Matthäus 6,5–15, Markus 7,34; 14,32–42, Lukas 18,9–14, Johannes 17)
Gott meint es ehrlich mit uns. Deswegen sollen Menschen weniger mit schönen Worten, sondern mehr mit ganzem Herzen und aus jeder Lebenssituation heraus beten.

27 Jesus redet in Gleichnissen

(Matthäus 13,24–32, Markus 4,26–29, Lukas 15,11–32; 17,7–10)
Der Glaube an Gott ist keine schwierige Theorie. Jesus ist gekommen, um ganz praktisch zu erklären, was Glauben heißt und warum Glaube gut tut.

28 Jesus gibt überraschende Antworten

(Matthäus 15,1–20; 18,1–22; 19,3–30)
Fragen und Mitdenken gehören zum Christsein. Erst die kritische Auseinandersetzung mit den verschiedenen Meinungen und Einstellungen führt zu der Wahrheit, die frei macht.

29 Jesus richtet Menschen auf

(Markus 5,21–43; 7,31–37; 8,22–26, Johannes 4,43–54; 9,1–12)
Der Glaube an Gott betrifft nicht nur den Geist oder die Seele. Auch der Körper wird von Gott in sein Wirken für die Menschen einbezogen.

30 Jesus ruft Tote zum Leben

(Markus 5,21–43, Lukas 7,11–17, Johannes 11,1–53)
Wer stirbt, bleibt in Gottes Hand. In Jesus ist Gott so nah bei den Menschen, dass er dem Tod die Macht nimmt.

31 Jesus erweist sich als Herr der Schöpfung

(Matthäus 14,22–32, Markus 4,35–41; 6,45–52, Lukas 5,1–11)

Weil Jesus der Sohn des Schöpfers der Welt ist, gibt er dieser ihren ursprünglichen Stellenwert zurück. Sie hat den Menschen zu dienen. Und der Mensch muss sie darin unterstützen.

32 Jesus gibt den Jüngern Einblick in sein Wesen (Matthäus 16,13–23; 17,1–13)

Wer Jesus kennen lernen will, muss sich gut im Alten Testament auskennen, weil Jesus ohne Mose, Elija und all die anderen Zeugen des Glaubens nicht zu verstehen ist.

33 Jesu Innerstes

(Johannes 1,1–18; 3,1–21; 4,1–42; 8,48–59)

Jesus und die Menschen sind ohne Gott nicht zu verstehen. Aber Gott ist auch nicht ohne Jesus und die Menschen zu begreifen. Wenn wir echte Menschen werden wollen, brauchen wir den Glauben an Jesus, der uns zu Gott führt.

34 Jesus wird immer deutlicher

(Lukas 9,51; 11,37–52; 14,7–24; 18,31–19,10)

Jesus muss leiden, weil er gut zu den Menschen ist und dem Auftrag seines Vaters treu bleibt. Wer sich in Wahrheit für die Menschen einsetzt, darf von ihnen nicht einen Ehrenplatz erwarten. Aber von Gott.

35 Jesus gestaltet den Anfang seines Leidensweges

(Matthäus 21,5; 26,14–16, Markus 10,28–45; 11,12–25, Johannes 12,1–19)

Wer die Menschen wirklich mit Gott in Verbindung bringen will, hinterfragt ihre alten Gewohnheiten. Aber er muss dann damit rechnen, dass er sich damit auch Feinde macht.

36 Jesus durchschaut seine Gegner

(Markus 11,27–33; 12,13–14,37)

Die Menschen nutzen ihren Verstand gerne dazu, Gründe gegen Jesu Botschaft zu finden. Sie sollten sich ebenso anstrengen, den tiefen Sinn des Wortes Gottes zu ergründen.

37 Jesus sagt, worauf es am Ende ankommt

(Matthäus 25,14–46, Johannes 16,7–11)

Die Menschen sollen sich auf Gott und ihre Mitmenschen ausrichten. Erst dann kann Gott sie erreichen und ihnen ein erfülltes Leben schenken.

38 Jesus macht ein persönliches Geschenk

(Lukas 22,1–20, Johannes 13–17, 1 Korinther 11,24–25)

Jesus bereitet seine Jünger auf die Zeit vor, in der er nicht mehr direkt zu ihnen sprechen kann. Er gibt ihnen in Brot und Wein die Mittel an die Hand, mit ihm selbst in Verbindung zu bleiben.

39 Jesus wird verraten

(Markus 14,26–72)

Jesus nimmt bewusst den Hass der Menschen und den Verrat durch Judas und dann durch Petrus in sein Leben auf. Er setzt seinen ganzen Willen ein, für solche Menschen die Liebe in Person zu bleiben.

40 Jesus wird ungerecht verurteilt

(Lukas 22,66–23,25)

Wer nach der Wahrheit sucht, darf sich nicht von Mehrheitsmeinungen beirren lassen. Jesus steht mit seiner Person und seiner Wahrheit allein da, aber er ist klarer und stärker als alle, die ihn peinigen.

41 Jesus wird gekreuzigt und stirbt

(Lukas 23,26–49, Johannes 19,20–37)

So sehr Jesus auch gequält wird, immer bleibt er im Leiden der Herr des Geschehens. So schlimm die Menschen mit ihm auch umgehen: Jesu Gottvertrauen wird über alles Leid siegen.

42 Jesu Auferstehung

(Matthäus 27,37–28,15, Lukas 24,13–35)

Gott schenkt Jesus einen neuen Anfang. Und Jesus geht damit auf seine Freunde zu. So können auch sie damit anfangen, neue Hoffnung für sich und die Menschen zu schöpfen.

43 Begegnungen mit dem Auferstandenen

(Lukas 24,36–53, Johannes 21)
Der Glaube an Jesus ist nicht das Ergebnis von scharfem Nachdenken. Jesus, so bekennen schon die ersten Christen, überzeugt persönlich jeden Einzelnen, dass er auferstanden ist.

44 Jesus gibt Kraft für eine neue Gemeinschaft

(Apostelgeschichte 1,1–9,22)
Das Christentum lebt von der Kraft des Heiligen Geistes. Menschen unterschiedlichster Vergangenheit werden von Jesus zu einer neuen Lebensart geführt in eine neue Gemeinschaft.

45 Das Wirken des Apostels Paulus

(Apostelgeschichte 9,23–28,26)
Die Botschaft von der Auferstehung Jesu erfordert den ganzen persönlichen Einsatz. Der Apostel Paulus steht mit seinem Namen dafür ein, dass Jesus für jeden Menschen gelebt hat, gestorben und auferstanden ist.

46 Mit Jesus ist jeder Mensch auf Gott ausgerichtet

(Römer)
Neben den Geschichten von Jesus gibt es seine Lehre und dann auch ein Nachdenken über seine Lehre und darüber, welche Konsequenzen sie hat. Damit beginnt ein neues Kapitel des Denkens und Handelns der Menschen.

47 Jesus wird durch die Gemeinde lebendig

(1 Korinther, 2 Korinther)
Wer glaubt, bleibt von Konflikten nicht verschont. Der Glaube an Jesus Christus befähigt zu einem offenen und wahrhaften Umgang miteinander. Das ist eine Einheit, die nichts vertuschen muss und darüber hinaus noch Freude macht.

48 Jesus verbindet zu einer Gemeinschaft

(Epheser, Galater)
Christsein ist kein Leben auf einer Insel. Wer an Jesus glaubt, wird nicht nur zu ihm, sondern auch in die Gemeinschaft der Kirche berufen.

49 Jesus verbindet Himmel und Erde

(Philipper, Kolosser)

Wer glaubt, muss singen von der Liebe, die der Glaube an Jesus weckt. Sie verbindet zu einer Gemeinschaft des Gebetes und der guten Tat.

50 Jesus muss man richtig verstehen!

(1 Thessalonicher, 2 Thessalonicher)

Der christliche Glaube befähigt dazu, realistisch zu leben und zu arbeiten. Es geht nicht um schöne Gefühle, sondern um die Treue zu Gott, der in Jesus alles in der Welt geheiligt hat.

51 Warnung vor falschen Lehren

(1 Timotheus, 2 Timotheus, Titus, Philemon)

Der christliche Glaube ist für viele Interpretationen offen. Doch mittendrin gibt es die Wahrheit, die nicht verraten werden darf.

52 Jesus bedeutet das Ende aller Religionen

(Hebräer)

Jesus ist Christus. Christus bedeutet: Der Gesalbte. Mit der Salbung ist vor allem gemeint, dass Jesus König ist und Priester. Er hat einen direkten Kontakt zu den Menschen und zu Gott. Christen haben durch Taufe und Salbung mit Öl Anteil an Jesu Verbundenheit mit seinem Vater.

53 Christlich leben heißt lieben

(Jakobus, 1 Petrus, 2 Petrus, 1 Johannes, 2 Johannes, 3 Johannes, Judas)

Die Christen sollen wie Jesus Menschen des Glaubens und der Tat sein. Wenn sie Jesus als den Herrn ihres Herzens zulassen, wird sie das nicht überfordern.

54 Jesus wird alles vollenden

(Offenbarung)

Der Glaube schützt nicht vor großen Auseinandersetzungen. Im Glauben an Jesus aber schenkt uns Gott ein Maß in allem Streit. Am Ende ist alles relativ. Denn dann kommt Gott und wird vollenden, was bei uns Menschen doch immer nur bruchstückhaft gelingt.

Altes Testament

1 Die Urgeschichte

Aller Anfang liegt bei Gott. Als noch niemand denken konnte, entschloss sich Gott, die Welt zu erschaffen. Wasser und Land, Wolken und Erde, Pflanzen und Tiere begannen zu existieren. Und auch der Rhythmus von Tag und Nacht kommt von Gott.

Das alles gehorcht von Anfang an blind den Gesetzen der Natur. Mittendrin aber erschuf Gott den Menschen als einziges Geschöpf, das mit offenen Augen Gott und die Schönheit der Schöpfung erkennen kann. Gott machte ihn ganz aus Erde, aber er blies ihm seinen Atem der Liebe ein. Gott erschuf den Menschen als Mann und Frau und nannte das erste Menschenpaar Adam und Eva. So machte Gott *ein* Geschöpf auf der Erde zu seinem Artverwandten. Danach legte er den siebten Tag zur schöpferischen Pause für sich und die Menschen fest.

Leider widersetzte sich der Mensch von Anfang an seiner Bestimmung, Gottes Gebote zu beachten. Und so griff er zu den verbotenen Früchten des Baumes in der Mitte des Paradieses. Bis heute wispert die falsche Schlange dem Menschen zu: Werde wie Gott!

Mit solchen Menschen wollte Gott keine Gemeinschaft haben und vertrieb sie aus dem Paradies. Als Adam und Eva zwei Söhne bekamen, ging das Übertreten von Gottes Geboten, das Sündigen, weiter. Kain zum Beispiel wurde auf seinen Bruder Abel neidisch und brachte diesen aus Wut um.

Mit den Menschen ging es nicht gut weiter. Sie wandten sich weiterhin von Gott ab und suchten ihr eigenes Glück. Deshalb beschloss Gott, sie alle durch eine große Flut zu vernichten. Doch einer, Noah, wurde von ihm erwählt, für sich, seine Frau und seine Kinder und für je ein Paar aller Tiere der Welt eine Arche zu bauen. Am Ende der Flut, als sonst alles Leben ertrunken war, stellte Gott als Zeichen seines Bundes mit den Menschen den Regenbogen in die Wolken. Er versprach, die Menschen nie mehr vernichten zu wollen, ganz gleich, was auch immer sie tun würden.

Die Menschen aber machten in ihrem Größenwahn weiter. In Babylon wollten sie einen Turm bis zum Himmel bauen. Gott verhinderte das, indem er ihre Sprache verwirrte. Seitdem können Menschen wenigstens keine gemeinsamen Pläne mehr gegen Gott schmieden. Sie müssen aber auch für gute Pläne immer wieder neu lernen, einander zu verstehen.

Genesis 1,1–11,9

2 Abraham, der Wanderer

Erst langsam kam Gott wieder bei den Menschen an. Besonders aufmerksam war Abram, ein alter Hirte. Mit über 70 Jahren folgte er Gottes Ruf, mit seinen Tieren ein neues Land zu suchen.

Mit seinem Neffen Lot stritt er, wo dieses Land genau liegt. Abram trennte sich von ihm und ließ sich an der Westseite des Jordan auf dem Weideland von Kanaan nieder. Von diesem Land wird in der Bibel immer wieder die Rede sein. Dorthin zieht es die Juden bis heute, weil sie sich als Nachkommen Abrams verstehen. Denn Gott hat mit Abram einen Bund geschlossen, durch den er ihm diese Nachfahren verspricht. Er nennt ihn von nun an Abraham: Vater von Vielen. Als Zeichen, dass die Fruchtbarkeit dieses Volkes aus Gottes Segen kommt, kennen die Juden bis heute die Beschneidung.

Abraham selbst jedoch musste noch lange warten, ehe er mit Sarah einen Nachkommen, einen Sohn bekam. Er versuchte, durch eine Beziehung zu seiner Magd Haggai, Gott vorzugreifen. Ihr gemeinsamer Sohn Ismael wird als Stammvater der Muslime verehrt.

Endlich wurde dann der von Gott schon lange versprochene Sohn Abrahams und Sarahs geboren. Sein Name war Isaak.

Aber dann sollte Abraham genau diesen einzigen Sohn auf dem Berg Morija opfern. Erst im letzten Moment schritt Gott ein. Abraham nannte den Berg »Gott hat's im Blick« und dachte dabei auch an sich: Denn er hatte seinen Sohn schon bald nur noch als Eigentum gesehen und Gott dabei aus dem Blick verloren. Als Isaak erwachsen war, schickte ihn sein Vater zur Brautschau. Isaak fand Rebecca und zeugte mit ihr die Zwillinge Esau und Jakob.

Genesis 11,10–25,26

3 Isaak, Jakob, Josef und seine Brüder

Als Isaak alt war, wollte er den Segen seines Vaters Abraham weitergeben. Dafür war der älteste Sohn vorgesehen. Isaak schickte Esau auf die Jagd, um für die Segensfeier einen Braten zu holen. Doch Rebecca, die Esaus Zwillingsbruder Jakob bevorzugte, ließ diesen einen Ziegenbock schlachten und band das Fell um Hände und Hals von Jakob. So wurde Isaak, der blind war und nur noch tasten konnte, bei der Weitergabe des Segens getäuscht.

Gesegnet zwar, aber unter Morddrohungen seines betrogenen Bruders, musste Jakob fliehen. Unterwegs träumte er von einer Himmelsleiter. Gott bestätigte dabei durch die gleichen Worte, die schon Jakobs Großvater Abraham gehört hatte, dass er trotz allem der Träger des Segens sei.

Auf seiner Flucht kam Jakob nach Haran zu seinem Verwandten Laban. Obwohl er sich in dessen jüngere Tochter Rahel verliebte, schob ihm ihr Vater nach vereinbarten sieben Arbeitsjahren zuerst die ältere seiner Töchter zu. Erst nach sieben weiteren Jahren konnte Jakob Rahel zur Frau nehmen. Nach vielen Jahren kehrte Jakob als reicher Mann mit seinen beiden Frauen und deren Mägden nach Hause zurück.

Um seinen Bruder Esau zu beschwichtigen,

überließ er ihm einen Teil seines neuen Reichtums. Zuvor jedoch wurde er in einen geheimnisvollen nächtlichen Kampf mit Gott verwickelt, woraus er mit dem Namen Israel hervorging, was auf Deutsch heißt: Gott kämpft.

In seiner alten neuen Heimat bildete Israel aus seinen zwölf Söhnen die zwölf Stämme des Volkes der Nachkommen Abrahams. Ihre Namen sind: Ruben, Simeon, Levi, Juda, Issachar, Sebulon, Dan, Naftali, Gad, Ascher, Josef und Benjamin. Die beiden letzten gebar ihm seine Frau Rahel, die bei Benjamins Geburt starb.

Natürlich fühlten sich die anderen zehn Söhne Israels zurückgesetzt. Deswegen ergriffen sie eines Tages eine günstige Gelegenheit, Josef an Kaufleute aus Ägypten zu verkaufen. Ihrem Vater machten sie vor, Josef wäre in der Wüste von einem Tier getötet worden. Doch in Wirklichkeit kam Josef an den Hof des ägyptischen Pharao und wurde dort zweiter Mann im Reich. In dieser Eigenschaft suchten ihn wegen einer Hungersnot daheim seine Brüder auf, um Getreide zu erbitten. Sie erkannten ihn zunächst nicht wieder. Josef ließ sich einiges einfallen, um es seinen Brüdern nicht allzu leicht zu machen. Doch schon bald konnte er nicht anders, als sich ihnen und dem schließlich herbeigeholten Vater Israel und dem jüngsten Bruder Benjamin mit großer Freude erkennen zu geben.

Genesis 25,27–50,26

4 Moses und der Weg in die Freiheit

Die Söhne Israels blieben in Ägypten und wurden immer zahlreicher. Nach Josefs Tod sank jedoch ihr Ansehen. Die Ägypter unterdrückten sie so, dass sie schließlich anordneten, alle männlichen Nachkommen Israels nach der Geburt zu töten. Um dem zu entgehen, setzte eine israelitische Mutter ihr Baby in einem Weidenkörbchen aus. Dieses Kind wurde von der Tochter des Pharaos gefunden, in die Obhut des Palastes aufgenommen und Moses genannt.

Als Erwachsener geriet Moses eines Tages in den Streit zweier Männer aus seinem Volk. Er tötete einen von ihnen und musste sich in der Wüste verstecken. Dort wurde ihm klar, welches Blut in seinen Adern fließt. In einem Dornbusch, der zu brennen schien, aber nicht wirklich verbrannte, erfuhr er vom Gott Abrahams, Isaaks und Jakobs den heiligen Gottesnamen JHW (den kein gläubiger Jude aussprechen darf und der – würde man ihn aussprechen – klingen würde wie: Jahwe): *Ich bin da für dich.*

Gott trug Moses auf, sein Volk aus Ägypten in das Land zu führen, das er schon Abraham versprochen hatte. Der Pharao ließ sich auf dieses Ansinnen zunächst ein, doch dann verbot er dem Volk Israel den Auszug aus Ägypten.

Gott schickte deshalb zehn verschiedene Plagen über das Land, am schlimmsten davon war die zehnte. Damit Israel nicht vom Sterben der Erstgeborenen in Ägypten betroffen wurde, strichen die Juden in der Nacht des Racheengels Gottes das Blut von geschlachteten Lämmern an die Türpfosten. Das Vorübergehen des Todesengels wurde *Pessach* genannt, Gottes machtvolles Handeln gegen alle, die ihn nicht anerkennen wollen. Es war die Nacht, in der alle schnell aufbrachen und aus Ägypten flohen. Es war die Nacht, die bis heute von den Juden gefeiert wird als Nacht der Gegenwart von Gottes Kraft.

Gottes Macht zeigte sich auch darin, dass sich das Rote Meer teilte durch die Wolkensäule, in der Gott mit dem Volk in die Freiheit zog; und als die Ägypter ihnen am Roten Meer ganz nahe auf den Fersen waren, strömte das Wasser wieder zusammen, und die den Untergang Israels wollten, gingen nun selbst unter.

Es folgte eine lange Zeit der Wanderung durch die Wüste. Immer wieder lehnten sich die Israeliten gegen Moses auf. Denn im Rückblick sah die Zeit der Unterdrückung für viele gar nicht mehr so schlimm aus. Doch Gott sorgte während der Wüstenwanderung dafür, dass sein Volk nicht verhungerte und verdurstete. Endlich gelangten sie zum Berg Sinai, wo sie für längere Zeit ihre Zelte aufschlugen.

Exodus 1,1–18,27

5 Die Zehn Gebote – Grundregeln Gottes

Auf dem Berg Sinai hatte Moses eine Gotteserscheinung. Er erhielt die Zehn Gebote als Grundregel für ein freies Leben mit Gott: Das Volk Israel sollte nur einen Gott haben, es dürfe sich kein Bild von ihm machen, seinen Namen nicht missbrauchen und nicht anderen Göttern dienen. Es sollte den Sabbat als heiligen Tag würdigen, die Eltern ehren, nicht töten, stehen, lügen, nicht die Ehe brechen oder stehlen.

Als Volk Gottes erkannte Israel diese Grundregeln an. Gott wiederum gab sein Versprechen, sie durch die Wüste zu führen. Moses blieb weitere 40 Tage auf dem Berg im Zwiegespräch mit Gott.

Das Volk jedoch, am Fuß des Berges, war ungeduldig und verlangte von Moses Bruder Aaron einen neuen Gott. Aaron ließ alle ihren Goldschmuck abgeben und schmolz daraus ein Goldenes Kalb, vor dem das Volk niederkniete.

Moses hörte davon auf dem Berg, ging mit den Steintafeln, auf denen Gott die Zehn Gebote festgehalten hatte, hinunter und warf sie wütend in tausend Scherben. Dann zerstörte er das Goldene Kalb.

Mit zwei neuen Steintafeln stieg Moses wieder den Berg hinauf. Gott gab ihm eine Anweisung, für diese neuen Tafeln ein Zelt zu bauen und sie in eine Holztruhe zu legen, die man Bundeslade nannte.

Schließlich nahm Gott in der Gestalt einer Wolke Besitz von der Bundeslade, und nur Moses war es möglich, in ihre Nähe zu gelangen.

Wenn diese Wolke sich vom Zelt erhob, erhoben sich alle Israeliten und wanderten weiter. Ließ die Wolke sich auf dem Zelt nieder, machte auch das Volk Rast.

Exodus 19,1–40,38

6 Josua und die Zeit der Richter

Der Zug des Volkes Israel durch die Wüste dauerte 40 Jahre. Moses, der daran gezweifelt hatte, ob Gott sein Versprechen wahr machen würde, durfte nur von einem Berg aus einen Blick auf das Gelobte Land werfen und starb dann am Ostufer des Jordan.

Sein Nachfolger wurde Josua. Dieser führte das Volk durch den Fluss, dessen Wasser vor der Bundeslade zurückwich. Das nächste Hindernis, die Stadtmauern von Jericho, nahmen die Israeliten, indem sie die Stadt belagerten und an sechs Tagen jeweils ein Mal die Stadtmauern umrundeten. Am siebten Tag wiederholten sie dieses Ritual sieben Mal. Im Anschluss daran bliesen sieben Priester in ihre Hörner und brachten dadurch die Mauern zum Einsturz. In wenigen Jahren war ganz Kanaan von den Israeliten eingenommen. Das Land verteilten elf der zwölf Stämme untereinander, während der Priesterstamm Levi die Städte besiedelte.

Nach dem Tod Josuas befeindeten sich die Fürsten der Stämme gegenseitig. Viele wurden dem Gott Abrahams, Isaaks und Jakobs untreu und übernahmen die örtlichen Naturreligionen, weil sie glaubten, dadurch eher ihre Macht erhalten oder gar vergrößern zu können. Doch Gott ließ sie die Kriege, in denen sie sich verstrickten, verlieren. Neue Autoritäten wurden von Gott erweckt in der Gestalt so genannter Richter. Das waren prophetisch begabte Männer.

Ein solcher war Gideon. Er tat sich als Kriegsherr hervor, der auch mit nur wenigen Männern ein feindliches Heer schlagen konnte. Eine Krönung zum König lehnte er jedoch ab, weil die Israeliten Gott allein als ihren König anerkennen sollten.

Ein anderer Richter war Simson. Der war sehr stark. Er genoss von Kindheit an den besonderen Schutz Gottes. Zum Zeichen dafür durften ihm die Haare nicht abgeschnitten werden. Eine Frau aus dem Volk der Philister, das den Israeliten feindlich gegenüber stand, lockte ihn in eine Falle, schnitt ihm sieben seiner Locken ab und raubte ihm damit seine Kraft. Die Philister konnten ihn nun gefangen nehmen und blenden.

Bei einem Fest zu Ehren ihres Stammesgottes Delia wollten die Philister ihren Spaß mit Simson treiben. Weil seine Haare jedoch nachgewachsen waren und er den Glauben an den Gott seiner Väter nicht vergessen hatte, hatte er wieder zu seiner alten Kraft gefunden. Als er in Ketten zwischen die beiden Hauptsäulen des Philisterpalastes gestellt wurde, konnte er die beiden Stützen wegdrücken und den Palast zum Einsturz bringen. Dabei kam er gemeinsam mit vielen Fürsten der Feinde Israels ums Leben.

7 Samuel und Saul

Nach Moses und nach den Richtern standen Könige an der Spitze des Volkes Israel. Der erste König wurde von Samuel gesalbt, den seine Mutter Hanna als lang ersehntes Kind Gott versprochen hatte. Als Kind hatte er eine ergreifende Gotteserfahrung. Als er eines Nachts zunächst dachte, sein Lehrer Eli würde ihn immer wieder rufen, schickte der ihn schließlich mit dem Rat wieder schlafen, beim nächsten Ruf »Samuel, Samuel« zu antworten: »Rede Herr, dein Diener hört.« Als der Junge das so tat, offenbarte ihm Gott, dass die Familie seines Lehrers Eli nicht mehr weiter Dienst tun würde am Heiligtum.

Als erwachsener Mann konnte Samuel das Volk Israel neu für den Gott ihrer Väter begeistern. Die Bundeslade kam wieder neu zu Ehren. Statt der Nachkommen Elis wählte Samuel auf Gottes Geheiß einen jungen Mann namens Saul vom Stamm Benjamin aus. Er salbte diesen zum König von Israel und begründete damit einen neuen Abschnitt in der Geschichte des Volkes Abrahams, Isaaks und Jakobs. Weil Saul aber ebenso selbstherrlich wie die Priesterfamilie vor ihm war, bekam Samuel von Gott den Auftrag, einen anderen Mann zu suchen, der König sein sollte. Die Wahl fiel auf den Hirtenjungen David, den jüngsten Sohn von Jesse aus dem Stamm

Juda. Samuel salbte ihn im Geheimen zum König. David ging an den Königshof und wurde von Saul als Harfenmusiker eingesetzt, um ihn mit seinem Spiel zu erheitern.

Einmal wollten die feindlichen Philister ins Land einfallen. Sie wurden von einem Riesen angeführt, der ganz Israel verhöhnte. Da trat ihm der kleine David mit einer Steinschleuder entgegen und streckte ihn damit nieder. Er wurde dadurch sehr berühmt. Die Leute sangen: »Saul hat zwar Tausend erschlagen, David aber Zehntausend.«

Da wurde der König neidisch auf David und verfolgte ihn. Gute Freunde halfen dem Heranwachsenden, sich zu verstecken. Als David einmal Saul im Schlaf hätte töten können, hielt er mit seinem Speer inne. Er schnitt nur einen Zipfel vom Gewand Sauls ab zum Beweis, wie nahe er dem König gekommen war. Doch mied er weiterhin seine Nähe und lief stattdessen für fast zwei Jahre zu den Philistern über, ohne jedoch Israel anzugreifen. Saul brachte sich nach einer schweren Niederlage selbst um, seine Söhne waren schon vorher im Kampf gefallen. So war der Weg frei für David, König zunächst von Juda und später dann von ganz Israel zu werden.

8 König David

David wurde zuerst von den Südstämmen Israels, Juda und Benjamin, zum König gekrönt. Nachdem er den Kampf gegen Sauls Erben im Norden gewonnen hatte, wurde er auch im Nordreich anerkannt. Nach einigen Jahren eroberte er die Stadt Jerusalem von den Jebusitern und machte sie zur Hauptstadt. Von da an fühlte er sich als König von ganz Israel und brachte die Bundeslade in einem feierlichen Zug von Juda nach Jerusalem.

Als David für die Bundeslade einen kostbaren Tempel bauen lassen wollte, hielt ihn Gott durch ein Wort des Propheten Nathan davon ab und verhieß ihm dabei einen Nachkommen, dessen Königtum mehr Bestand haben sollte als jeder Tempel.

David war nicht nur ein kluger Feldherr, der das Reich Israel bis zum Euphrat ausweitete; er war ebenso ein feinsinniger Mensch mit Liebe zu Poesie und Musik. Eine Frau, die ihm besonders am Herzen lag, war die verheiratete Batseba. Der Prophet Nathan verurteilte David für diesen Ehebruch im Namen Gottes, und ihr erster gemeinsamer Sohn musste sterben. Sie bekamen aber einen zweiten Sohn, den sie Salomo nannten.

David hatte viele Kinder von vielen Frauen. Der älteste Sohn hieß Amnon, der jedoch von seinem Halbbruder Absalom getötet wurde, weil er dessen Schwester geschändet hatte. Absalom floh und konnte erst lange Zeit später wieder an den Hof Davids zurückkehren. Er nutzte die Zeit und brachte die Nordstämme Israels gegen David auf, der vor ihnen aus Jerusalem flüchten musste. Absalom verging sich sogar an den Nebenfrauen Davids, konnte sich jedoch nicht in die Position des Herrschers über Israel bringen. In einer Schlacht gegen die Soldaten Davids wurde er von Joab, dem Heerführer Davids, getötet, obwohl der König angeordnet hatte, dass sein Sohn auf jeden Fall am Leben bleiben sollte.

In den letzten Jahren seiner 40-jährigen Herrschaft konnte David ungestört regieren. Am Ende seines Lebens griff Adonija, der jetzt älteste Königssohn, nach der Herrschaft. Dem Propheten Nathan und Batseba gelang es, David dazu zu bewegen, gerade noch rechtzeitig Salomo zum König zu salben. So durfte David zu Lebzeiten seinen von Gott bestimmten Nachfolger auf dem Thron sehen, der ein Reich übernahm, das sein Vater nach all den inneren Wirren sicher in eine Friedenszeit hineingeführt hatte.

2 Samuel, 1 Könige 1,1–2,46

9 Salomo und sein Königreich

Als Sohn und Nachfolger von König David erbat sich Salomo auf die Frage Gottes, was er sich zu Beginn seiner Herrschaft wünsche, nicht Reichtum und Macht, sondern Weisheit. Und so sind seine Sprichwörter und Ratschläge bis heute berühmt, wie auch seine profunde Kenntnis in den Wissenschaften seiner Zeit. Salomos tiefe Einsicht in die Zusammenhänge des menschlichen Herzens machten ihn ebenfalls zu einem gerechten Richter. Eines Tages kamen zwei Frauen, die beide behaupteten, Mutter des Kindes zu sein, das sie mitbrachten. Salomo ließ sich ein Schwert bringen und schlug vor, das Kind zu teilen. Daraufhin schrie eine der Frauen auf, das dürfe nicht geschehen, während die andere diesem Vorschlag zustimmte. Daran erkannte Salomo, dass die erste die Mutter des Kindes war.

Seine gottgewollte Herrschaft brachte Salomo mit der Planung und Errichtung eines riesigen Palastes für sich und eines herrlichen Tempels für Gott zum Ausdruck. Was sein Vater David schon gewollt hatte, ließ der Sohn nun in zwanzigjähriger Bauzeit wirklich werden. Als eines Tages die Königin aus dem ägyptischen Saba kam, um den kennen zu lernen, von dem sie schon so viel gehört hatte, war sie tief ergriffen von seiner Weisheit, aber auch von dem Prunk in seiner Umgebung.

So weise und so reich Salomo war, so sehr unterlag er wie schon sein Vater David der Versuchung, weiser und reicher zu werden, als der Gott seiner Väter es ihm schon ermöglicht hatte. Er nahm sich Frauen von außerhalb Israels und begann, deren Fruchtbarkeitsgötter zu verehren. Er legte immer höhere Steuern fest und wollte sein Reich noch weiter ausdehnen. Dazu teilte er es neu ein und setzte zwölf Statthalter ein. Jeden Monat hatte ein anderer aus seinem Bezirk Palast und Tempel zu versorgen.

So entfernte sich Salomo immer mehr vom Gott seiner Väter Abraham, Isaak und Jakob ab. Da erschien ihm Gott abermals und drohte, der Tempel werde in Trümmer fallen, wenn er sich nicht zu ihm bekehre. Doch es war schon zu spät. Nach seinem Tod wurde zwar sein Sohn Rehabeam noch König von ganz Israel, doch der tüchtigste Baumeister Salomos, Jerobeam, kam aus dem Exil, in das er nach einem Aufstand gegen Salomo geflüchtet war. Er konnte zehn der Stämme Israels für sich gewinnen. Israel wurde geteilt und sollte nie mehr zu der Einheit finden, die es bis König Salomo war. Diese Teilung hatte zur Folge, dass auch die einheitliche Verehrung des Gottes Abrahams, Isaaks und Jakobs verdrängt wurde von der Verehrung vieler und fremder Götter.

1 Könige 3,1–11,43

10 Der Prophet Elija

Mit der Regierung Jerobeams begann eine unruhige Zeit für das Nordreich Israels. Die verschiedenen Großfamilien verfeindeten sich bis aufs Blut. Im Jahr 869 vor Christus ebnete König Omri seinem Sohn Ahab den Weg zum Königsthron. Gegen ihn sandte Gott den Propheten Elija, denn Ahab ließ sich von seiner Frau Isebel zum Götzendienst für den kanaanitischen Fruchtbarkeitsgott Baal verführen. Elija prophezeite dem König als Strafe für den Abfall vom Gott Abrahams, Isaaks und Jakobs eine große Dürre. Doch Ahab wollte davon nichts hören. Er verbannte den Gottesmann in die Wüste.

Das machte Elija traurig und er zweifelte stark, ob Gott ihn wirklich gesandt hatte. Gott jedoch schickte ihn an einen Ort in der Wüste, an dem ein Bach floss. Dort konnte er trinken, und Raben versorgten ihn morgens mit Brot und abends mit Fleisch.

Als der Bach austrocknete, nahm Elija das als Zeichen, dass er sich wieder unter die Menschen wagen sollte. Eine Witwe nahm ihn auf. Als sie ihm mit dem letzten Mehl, das sie besaß, ein Brot backte, bewirkte Elija, dass ihr Ölkrug nie mehr leer und ihr Mehlvorrat nie erschöpft sein würde.

Als der Gottesmann dem verzweifelt nach

Nahrung suchenden König Ahab begegnete, forderte er von ihm ein besonderes Duell mit allen Propheten des Baal. Diese sollten sich zu einem öffentlichen Gottesurteil mit ihm auf dem Berg Karmel versammeln.

Die heidnischen Priester sollten zu Baal um Feuer für den Scheiterhaufen beten. Sie beteten den ganzen Tag über, aber nichts geschah. Da ließ Elija den Holzstoß und das Opfertier mit Wasser überschütten und betete in Ruhe und voller Vertrauen, bis schließlich Feuer vom Himmel herabfiel und das nasse Holz samt Opfertier verbrannte. Dann betete er um Regen für das Land, und er wurde erhört.

Trotz Elijas Rettung für das Land war ihm Isebel, Ahabs Frau, weiterhin böse. So musste Elija erneut fliehen. Und wieder tröstete ihn Gott, jetzt durch einen Engel, der ihm Brot und Wasser brachte. Am Berg Horeb zeigte sich Gott Elija nicht in Sturm und Donner und nicht durch einen kräftigen Sturm, sondern in dem anschließenden leisen Säuseln des Windes. Dabei wurde ihm offenbart, dass Elischa sein Nachfolger werden sollte.

11 Jesaja: Gott baut Israel von innen auf

Im Jahr 739 vor Christus wurde der Prophet Jesaja von Gott für sein Volk Israel berufen. Als gewaltige Stimme Gottes rief er mit markigen Worten zur Neubesinnung: Wenn sie sich nicht auf den Alltag auswirkten, brauche Gott keine frommen Gottesdienste. Gott lässt Jesaja sagen: »Reinigt euch! Beendet euer übles Treiben! Lernt, das Gute zu tun! Schafft Recht! Steht den Unterdrückten bei!« Für den Propheten war klar, dass Gott sich mit solchen Aufrufen auf jeden Fall durchsetzen werde. Gott werde sein Volk Israel vollständig zu sich hin bekehren. Am Ende der Tage werde er auf dem Berg Zion die Stadt Jerusalem zum Pilgerziel aller Völker machen. »Dann müssen sich die stolzen Augen der Menschen senken, die hochmütigen Männer ducken sich, denn an jenem Tag ist der Herr allein der Erhabene.«

Doch die Realität sah anders aus. Die Assyrer wurden zur dominierenden Kraft in der Region. König Hiskija wollte sich mit ihnen verbünden, um das israelitische Nordreich zu retten. Jesaja schritt dagegen ein. Er warnte den König vor der Verwirklichung des Planes. Gott habe mehr Macht als der König von Assur. Zum Zeichen dafür werde eine Jungfrau ein Kind gebären, dem sie den Namen Immanuel (Gott mit uns) geben werde.

Dann nutzte Gott die Stimme des Propheten zu einem leidenschaftlichen Appell. Er verglich sein auserwähltes Volk mit einem Weinberg: »Wer bei mir Schutz sucht und mit mir Frieden schließt, der entgeht meinem Kampf gegen alle Dornen im Weinberg. In Zukunft schlägt das Volk des Stammvaters Jakob wieder Wurzeln, ja, Israel blüht und gedeiht, und der Erdkreis füllt sich mit Früchten.«

Doch unter dem neuen Herrscher Sanherib breiteten sich die Assyrer noch mehr aus. Israels Größe schrumpfte zusehends. Der Tempel verlor an Glanz. Deshalb begann der Prophet von den inneren Werten des auserwählten Volkes zu sprechen: »Der Herr der Heere selbst wird für den Rest seines Volkes zu einer herrlichen Krone und einem prächtigen Kranz.«

Jesaja 1,1–39,8

12 Jonas Rettung

Echter Glaube traut Gott mehr zu als den Menschen. Das musste Jona lernen, der als Prophet in die assyrische Hauptstadt Ninive gehen sollte, um ihr die Zerstörung zu prophezeien. Jona aber floh vor diesem Befehl Gottes. Im Glauben, außerhalb von Gottes Reichweite zu sein, bestieg er ein Schiff und fuhr von Joppe nach Tarschisch. Aber Gott sandte einen großen Sturm. Die Seeleute flehten vor Angst ihre Götter an. Sie warfen alle Gegenstände von Bord. Aber der Wind legte sich nicht. So beschlossen sie, auszulosen, wer für ihr Unglück verantwortlich wäre. Das Los fiel auf Jona, der sofort bekannte, auf der Flucht vor dem wahren Gott, der Himmel und Erde gemacht hatte, zu sein. Er schlug selbst vor, ihn doch über Bord zu werfen. Da die Seeleute fürchteten, das Land nicht mehr zu erreichen, folgten sie seinem Vorschlag. Und sofort legte sich der Sturm. Doch Jona wurde wunderbar gerettet. Ein großer Fisch fraß ihn zunächst auf, spie ihn aber nach drei Tagen wieder aus.

Jona sah, dass der Ungehorsam gegen Gott keinen Zweck hatte, und beschloss, Gott von nun an zu gehorchen. Er prophezeite der Stadt Ninive ihren Untergang. Der König und sein Gefolge hörten auf Jona und sie begannen zu fasten und sich und ihre Tiere in Sack und Asche zu kleiden. Da beschloss Gott, sie nicht zu bestrafen. Aber Jona zürnte Gott weiter für sein Mitleid und seine Großzügigkeit. Schließlich setzte er sich trotzig außerhalb der Stadt auf einen kleinen Hügel in den Schatten eines Ginsterbusches und haderte mit Gott.

Da schickte Gott am nächsten Tag einen Wurm, der an der Wurzel des Ginsterbusches nagte, sodass der Busch vertrocknete und Jona in der prallen Sonne sitzen musste. Es ging ihm so schlecht, dass er sich den Tod wünschte. Als Gott ihn fragte, ob es richtig sei, Mitleid mit einem Strauch zu haben, den Jona weder gepflanzt noch gepflegt habe, bejahte Jona das zornig und ohne Umschweife. Da antwortete ihm Gott: »Wenn dir der Strauch so Leid tut, der an dem einen Tag wächst und am anderen vergeht, warum sollten mir dann nicht die mehr als 120.000 Einwohner von Ninive Leid tun mit ihrem Unglauben und ihrer Hilflosigkeit?«

13 Jeremia: Der Untergang des Südreiches

Im Jahr 597 vor Christus wurde Jerusalem wieder einmal von fremden Regenten besetzt. Diesmal waren es die Babylonier, die noch radikaler vorgingen als vormals die Assyrer. Sie verschleppten König Joakim und eine große Anzahl von Bewohnern in die Hauptstadt von Babylon. Sie setzten Zidkija als König ein, der aber nicht mehr war als ihr Statthalter. Dennoch wagte dieser einen Aufstand und provozierte so den zweiten Einfall der Babylonier in Jerusalem. Sie machten den Tempel und seine Mauern dem Erdboden gleich und nahmen alle Überlebenden des Volkes Israel aus der Stadt mit in die Gefangenschaft nach Babylon.

Bei einer dritten Revolte in der Provinz Juda wurde der babylonische Gouverneur ermordet, aber die Israeliten mussten mit ihren Führern fliehen und fanden in Ägypten Asyl.

Unter den Flüchtlingen war auch der Prophet Jeremia, der zur größten religiösen Figur dieses Zeitalters wurde. Er kam zwar aus einer Priesterfamilie, doch er hatte immer schon gelehrt, dass Opferdienst allein die Sicherheit der Stadt Jerusalem und des Volkes Israel nicht sichern könne. Mutig griff er die Herrschenden an und ermahnte sie, die soziale Gerechtigkeit in den Mittelpunkt ihrer Herrschaft zu stellen. Er pochte auf die Treue zu Gott, die mehr zählt als alle religiösen Begründungen für Besitzstandswahrung. Deswegen ermutigte er die Israeliten, sich aus dem Streit zwischen Ägypten und Babylon herauszuhalten. Den Weg in die babylonische Gefangenschaft sah er als Chance, dass sich Israel neu auf Gott besinnen könnte. In einem Brief an die Exilbewohner in Babylon forderte er diese auf, Frieden zu halten, Häuser zu bauen und Felder anzulegen.

Seine leidenschaftliche Liebe zu Gott ließ ihn jedoch auch an Grenzen stoßen. »Du hast mich verführt, Herr. Und ich ließ mich von dir verführen. Du hast mich gepackt. Du hast mich überwältigt!« Mit dieser Klage bringt Jeremia sein lebenslanges Spannungsverhältnis zu Gott zum Ausdruck.

Jeremias Prophezeiungen weisen eher in eine düstere Zukunft. Die Hassliebe seiner Umgebung schlug schließlich in alleinigen Hass um. Seine harten und unnachgiebigen Worte schrieb sein Sekretär Baruch für ihn auf. Doch die Führer des Volkes verbrannten sie eigenhändig. Jeremia wurde geschlagen, ins Gefängnis geworfen, in den Block gespannt oder in eine Zisterne geworfen. Das Exil in Ägypten stand am Ende seines leidenschaftlichen Kampfes für Gott.

2 Könige 11–25,30, Jeremia

14 Fremde und Heimkehr

Im Exil sorgten Priester und Propheten dafür, dass die Israeliten am überlieferten Glauben festhielten. Das Volk Abrahams, Isaaks und Jakobs verstand, verbannt vom Gelobten Land, den eigenen Glauben ganz neu. So trat der Prophet Ezechiel auf, der sich sowohl an die Juden im Exil als auch an die zurückgebliebenen Juden im Gelobten Land wandte. Im Zentrum seiner Predigten und Visionen steht der Glaube an die bleibende Kraft der Verheißung, die Gott den Gründervätern gegeben hatte. Gott würde ihnen das Herz von Stein aus der Brust nehmen und ihnen ein Herz von Fleisch geben. In einer Vision sah Ezechiel ein Tal mit trockenen Knochen. Diese wurden wieder zu Körpern von Menschen, denen Gott seinen lebendigen Atem, seinen Geist, neu einhauchte. Ebenso würde der unansehnliche Rest des Volkes Israel wieder neu aufstehen können in der Kraft des Geistes Gottes.

Ein zweiter, namentlich nicht bekannter Prophet sprach zum auserwählten Volk Israel in großartigen Bildern der Hoffnung. Wenn Gott sich wieder stark zeigen würde, dann würden »Kuh und Panther beieinander« liegen. Ein Kind könnte mit einer Schlange spielen, wenn Gottes Friedensreich anbräche. Israel sei der Gottesknecht, der wie ein Lamm zum Schlachter geführt wird. Er müsse leiden für die Sünden aller Menschen, aber durch seine Leiden würden sie auch erlöst werden. Schließlich sah dieser große Unbekannte, dessen Worte in den letzten Kapiteln des Buches Jesaja festgehalten sind, den Sieg der Perser über die Babylonier und die Rückkehr der Israeliten in ihr eigenes Land voraus.

Im Jahr 539 vor Christus wird dieser Traum durch den Perserkönig Kyrus wahr. Er wird zum Werkzeug Gottes, in dem er die Juden in ihr eigenes Land zurückkehren ließ und sie sogar ausdrücklich aufforderte, ihre Religion wieder auszuüben. Unter der Herrschaft dieses Fremden stellten die Israeliten ihre Heimat neu her. Auch der Tempel wurde neu aufgebaut und im Jahr 515 vor Christus fertiggestellt. Die Propheten Haggai und Sacharja stärkten die Leute bei ihrem Tun. Esra und Nehemia wurden von der persischen Regierung eingesetzt, um die jüdische Gemeinschaft zu ordnen. Sie setzten das Gesetz des Moses wieder in Kraft. Doch auch sie konnten nicht verhindern, dass sich die jüdische Gemeinschaft wieder in Nordreich und Südreich spaltete.

Ezechiel, Jesaja 40,1–66,19, Haggai, Sacharja, Esra, Nehemia

15 Weisheit und Dichtung der Bibel

Im Auf und Ab der Geschichte des Gottesvolkes Israel gab es immer wieder bedeutende Lehrer und Dichter. Deshalb gibt es in der Bibel nicht nur die ersten fünf Bücher des Mose, die von der Schöpfung, der Geschichte Israels und dem Gesetz Gottes handeln, sondern auch die Bücher der Propheten und die Bücher, die Gebete und Weisheitssprüche von weisen Männern der Geschichte Israels enthalten. Man nennt sie einfach »die Schriften«. Darunter sind die Psalmen als Gebetssammlung, das Buch der Sprichwörter, das Hohe Lied von Salomon als Liebesgedicht, das Buch Hiob als eine Lehrerzählung sowie das Buch Jesus Sirach und das Buch Kohelet als Weisheitsbücher zu fassen.

Das Buch Hiob beispielsweise greift das Thema Leid und Glaube auf. Es erzählt vom gottesfürchtigen Hiob, dem es mit seiner großen Familie gut geht. Dann wird das Gespräch mit einem Diener Gottes namens Satan wiedergegeben, der hämisch davon spricht, dass Hiob ja leicht ein Gläubiger sein könne, da es ihm ja sehr gut ginge. Er erbittet und erhält die Möglichkeit, dem Hiob Übel zu schicken, ohne ihn jedoch zu vernichten. Also sorgt Satan dafür, dass Hiob krank wird und seiner Familie Unglück widerfährt. Hiob aber nimmt dieses Schicksal mit den Worten an: »Der Herr hat gegeben, der Herr hat genommen, gesegnet sei der Name des Herrn.«

Dann verschärft Satan, so fährt die Erzählung fort, die Übel. Hiobs Angehörige sterben alle, und er selbst wird von Kopf bis Fuß mit Geschwüren übersät. Hiob klagt zwar, aber er bewahrt sich letztlich sein Vertrauen auf Gott. Freunde Hiobs mutmaßen, dass Gott ihn vielleicht persönlich prüfen will. Hiobs Antwort darauf ist lediglich: *Ich hörte von dir nur durch Erzählungen, Gott, aber jetzt sehe ich dich mit meinen eigenen Augen.* Er unterwirft sich Gott. Die Erzählung endet damit, dass Gott seinen treuen Diener Hiob wieder gesund werden lässt und ihm eine neue Familie gibt. Satan aber darf nie mehr auf diese Weise Menschen in Versuchung führen.

Das Buch der Prediger hat der weise König Salomo geschrieben. Mit großer Lebenserfahrung benennt er die Probleme, die das Leben bieten kann. Seine Botschaft ist, alles nicht so wichtig zu nehmen, weil alles vergeht. Windhauch, alles sei Windhauch, meint er. Selbst das Nachdenken führe schließlich zu nichts außer der Erkenntnis, dass es am Ende am besten ist, Gott anzubeten: *Fürchte Gott, und achte auf seine Gebote! Das allein hat jeder Mensch nötig. Alles Tun bringt Gott vor sein Gericht, das über alles Verborgene urteilt, sei es gut oder sei es böse.*

16 Die Psalmen: Liederbuch der Bibel

In der Bibel stehen 150 Psalmen. Die meisten werden König David zugeschrieben. Viele von ihnen sind aber in verschiedenen Situationen später entstanden. Sie sprechen von Dank und von Klage, von Segen und von Fluch. Andere entstanden als Gebet für den König oder als Prozessionsgesang. Die meisten sind Lieder, die in den Gottesdienst gehören. Je nach Inhalt wurden sie mit Harfen und Zithern, mit Pauken und Trompeten begleitet. Viele von ihnen erklangen in den großen Gottesdiensten an den Wallfahrtstagen in Jerusalem. Sie wurden von Vorsängern oder von einem Chor vorgesungen. Die Gemeinde antwortete mit »Halleluja« (Preist den Herrn) oder mit »Amen« (So soll es sein).

Psalm 150 ist ein gutes Beispiel dafür, wie die Betenden sich gegenseitig angefeuert haben zum Lobpreis Gottes:

Halleluja!
Lobet Gott in seinem Heiligtum,
lobt ihn in seiner mächtigen Feste!
Lobt ihn für seine großen Taten,
lobt ihn in seiner gewaltigen Größe!
Lobt ihn mit dem Schall der Hörner,
lobt ihn mit Harfe und Zither!

Lobt ihn mit Pauken und Tanz,
lobt ihn mit Flöten und Saitenspiel!
Lobt ihn mit hellen Zimbeln,
lobt ihn mit klingenden Zimbeln!
Alles, was atmet, lobe den Herrn! Halleluja!

Die Psalmen sind die Antwort von Menschen auf die Erfahrung der Nähe Gottes im Leben. Deshalb kommt alles, was im Leben vorkommt, auch in den Psalmen vor. Juden wie Christen schöpfen daraus bis heute Hoffnung und Glauben.

Psalm 23 spricht von dem großen Vertrauen, das glaubende Menschen in Gott setzen:

Der Herr ist mein Hirte, nichts wird mir fehlen.
Er lässt mich lagern auf grünen Auen
und führt mich zum Ruheplatz am Wasser.
Er stillt mein Verlangen; er leitet mich
auf rechten Pfaden, treu seinem Namen.
Muss ich auch wandern in finsterer Schlucht,
ich fürchte kein Unheil; denn du bist bei mir,
dein Stock und dein Stab geben mir Zuversicht.
Du deckst mir den Tisch vor den Augen meiner Feinde. Du salbst mein Haupt mit Öl,
du füllst mir reichlich den Becher.
Lauter Güte und Huld werden mir folgen
mein Leben lang, und im Haus des Herrn
darf ich wohnen für lange Zeit.

17 Auf dem Weg zur Zeitenwende

In der Zeit nach der Rückkehr aus Babylon und nach dem Aufbau Jerusalems erwuchsen im Volk Israel immer neue Fragen über Gott und sein Wirken in der Geschichte. Daraus entstehen Geschichten von der wunderbaren Glaubenstreue der Söhne und Töchter Abrahams, Isaaks und Jakobs. Schadrach, Meschach und Abed-Nego waren drei Männer, die den babylonischen König so in Wut brachten, dass er sie in einen Feuerofen werfen ließ. Doch Gottes Engel war mit den drei Jünglingen: Sie verbrannten nicht.Der König ließ sie frei und unterstützte sie von da an.

Eine andere Geschichte erzählt von Daniel, der am Hof des babylonischen Königs Belschazzar lebte. Während eines großen Festgelages schrieb dort eine mysteriöse Hand unverständliche Zeichen an die Wand. Nur der Jude Daniel war in der Lage, die Zeichen zu entschlüsseln, die das Ende der Herrschaft Belschazzars voraussagten.

Ebenfalls von Daniel handelt die Geschichte, die von Neidern erzählt, die es nicht ertrugen, dass ein Jude beim König in der Gunst stand. Sie verrieten dem Herrscher, dass sein Günstling entgegen seiner strengen Anordnung nicht die örtlichen Götter verehrte. Schweren Herzens willigte der König in die Todesstrafe ein: Daniel solle in eine Löwengrube geworfen werden. Als er dort jedoch von jedem Angriff der Löwen verschont blieb, ließ ihn der König schnell herausziehen. Und stattdessen wurden jene hineingeworfen, die ihn angeschwärzt hatten.

Daniel prophezeite das Ende des Perserreiches und die Herrschaft Alexanders des Großen. Nach dessen Tod im Jahre 323 vor Christus begann eine Periode der neuerlichen Schwächung der alten jüdischen Traditionen. Daniels Visionen stärkten alle, die in dieser Zeit versuchten, den Glauben Israels zu wahren.

Schließlich musste Israel erleben, wie die Römer ihr Land besetzten.

Ab dem Jahr 40 vor Christus regierte Herodes, ein von den Römern eingesetzter König für Judäa. Er war zwar Jude, aber er übte seine Religion nicht aus. Im Jahr 4 vor Christus übernahm sein Sohn Herodes Antipas die Regierung. Damit wuchs für einen Teil der Juden die Hoffnung, es sei nun die Zeit für den Messias gekommen. Man erwartete einen nicht zu übertreffenden Gesandten, den Gott als echten Nachfolger für König David einsetzen würde, der die Römer aus dem Land treiben und eine dauerhafte Herrschaft einrichten könnte. In diese Zeit fiel die Geburt Jesu.

Daniel, Makkabäer, Jesus Sirach

Neues Testament

18 Zacharias und Maria

In Jerusalem herrschte am Ende der Regierungszeit von Herodes eine angespannte Ruhe. Die römische Besatzung forderte Steuern von den Bewohnern der Stadt. Der Hohepriester und die anderen Priester waren auf ihre religiösen Aufgaben beschränkt. Sie durften sich als der Hohe Rat am Tempel nicht mit politischen Fragen beschäftigen, sondern nur mit der Auslegung des jüdischen Gesetzes für die Angehörigen ihrer Religion.

Während des Dienstes im Tempel hatte der alte Priester Zacharias eine außergewöhnliche Gotteserfahrung. Ein Engel sagte ihm, er und seine Frau Elisabeth würden einen Sohn bekommen und diesem den Namen Johannes geben, was soviel heißt wie: Gott ist gnädig. Obwohl Zacharias wusste, dass auch Abraham noch in hohem Alter mit Sarah ihren Sohn Isaak bekommen hatte, bezweifelte er die göttliche Botschaft. Daraufhin nahm Gott ihm die Sprache. Elisabeth war nach kurzer Zeit schwanger.

Sechs Monate später kam der Engel Gabriel zu einer jungen Verwandten von Elisabeth. Diese hieß Maria und lebte in Nazareth. Sie sei auserwählt, Mutter eines Kindes zu werden, das »Sohn des Höchsten« genannt werden würde und als Nachkomme König Davids gelten werde, und zwar für ewig. Maria, die mit einem Mann mit Namen Josef verlobt war, konnte diese Prophezeihung nicht glauben, weil sie noch Jungfrau war. Der Engel erklärte ihr, dass die Schwangerschaft vom Heiligen Geist bewirkt werde. Daraufhin sagte Maria: *Ich bin die Magd des Herrn. Mir geschehe nach deinem Wort.* Einige Tage später machte sie sich auf den Weg zu Elisabeth, um ihr diese erstaunliche Neuigkeit zu berichten. Elisabeth spürte die Freude des Kindes in ihrem Leib, als Maria ins Haus kam. Sie segnete Maria für ihren Glauben und Maria lobte Gott mit den Worten: *Meine Seele preist die Größe des Herrn. Ich juble über Gott, meinen Retter. Er hat auf die Niedrigkeit seiner Magd geschaut. Mich werden alle Menschen selig preisen, weil der Gott unserer Väter so Großes an mir und allen Nachkommen Abrahams getan hat.*

Als Elisabeth ihr Kind zur Welt gebracht hatte, ging Maria wieder nach Hause. Die Menschen dachten, das Kind von Elisabeth würde bestimmt wie sein Vater den Namen Zacharias erhalten. Doch Elisabeth bestand auf dem Namen Johannes, und als der alte Zacharias diesen Namen bestätigte, konnte er wieder sprechen. So konnte er den Menschen sagen, dass sein Sohn der Vorläufer für einen Größeren werden sollte, der nach ihm käme.

19 Jesus wird geboren

Maria war mit einem Mann namens Josef verlobt, der sich wegen der für ihn unerklärlichen Schwangerschaft seiner Braut heimlich von ihr trennen wollte. Weil er aber gerecht und gottesfürchtig war, glaubte er einer Stimme, die ihm im Traum bestätigte, dass dieses Kind von Gott komme. Josef sollte ihm nach der Geburt den Namen Jesus geben, was soviel heißt wie: Gott rettet. Nach dieser Erfahrung heiratete Josef seine Verlobte.

Kurz vor der Geburt mussten sich Maria und Josef auf eine längere Reise machen. Kaiser Augustus hatte eine Volkszählung angeordnet. Weil Josef ein Nachkomme des Königs David war, musste er mit Maria zu seiner Vaterstadt Bethlehem gehen, um sich dort in Listen eintragen zu lassen.

Als sie in Bethlehem angekommen waren, kam Jesus zur Welt. Weil alle Herbergen voll waren, wurde er in einer Krippe in einem Stall geboren. In der Nacht erschien ein Engel den Hirten, die ihre Schafe auf den Feldern vor der Stadt hüteten und verkündete ihnen eine gute Nachricht. Der seit langem erwartetete neue König sei in Bethlehem geboren worden. Sie würden ihn in Windeln gewickelt, in einer Krippe liegend, finden. Dann erschien eine große

Heerschar von Engeln, die Gott lobten und allen Gottesfürchtigen Frieden versprachen. Die Hirten gingen nach Bethlehem, fanden die Familie im Stall und erzählten dort und überall, was sie von den Engeln gehört hatten.

Nach acht Tagen wurde das Kind der jüdischen Sitte nach beschnitten und Jesus genannt. Wochen später brachten die Eltern Jesus zum Tempel nach Jerusalem, um ihn Gott zu weihen, wie es nach dem jüdischen Gesetz für einen erstgeborenen Sohn Vorschrift war. Dabei trafen sie auf zwei alte und fromme Menschen mit Namen Simeon und Anna. Diese sagten Jesus eine große Zukunft voraus. Simeon betete: *Jetzt kann ich in Frieden sterben, Gott. Denn jetzt habe ich den gesehen, der das Heil für alle Völker ist. Er wird alle Menschen erleuchten.* Simeon warnte Maria noch, dass sie viel Schmerzvolles mit Jesus erfahren werde. Anna erinnerte alle, die dabei standen, daran, dass Gott immer schon die große Hoffnung für Israel war.

Lukas 2,1–40

20 Jesu Kindheit und Jugend

Während Josef und Maria mit Jesus noch in Bethlehem waren, kamen drei Mitglieder einer persischen Priesterkaste in die Stadt. Sie hatten einen neuen Stern am Himmel entdeckt, der nach ihren Schriften auf die Geburt eines Königs hinwies. Sie machten sich auf den Weg, ihn zu suchen. Dabei orientierten sie sich am Lauf dieses Sternzeichens. Als sie in Judäa ankamen, gingen sie zunächst ins Königshaus des Herodes. Dieser konnte ihnen aber nicht weiterhelfen, war jedoch ganz beunruhigt über ihre Anfrage. Seine religiösen Berater wussten, dass der Ort Bethlehem im Zusammenhang mit der Hoffnung auf einen neuen König der Juden im Gespräch war. Also schickte er die Fremden dorthin und bat sie hinterlistig, ihn zu informieren, wenn sie das königliche Gotteskind gefunden hätten. Er wolle es auch anbeten.

Die weisen Männer folgten dem Stern und fanden Jesus schließlich in einem Stall in Bethlehem. Sie beschenkten ihn königlich mit Gold, Weihrauch und Myrrhe. Weil ein Engel im Traum sie gewarnt hatte, dass Herodes Jesus töten wollte, weil er in ihm einen Konkurrenten sähe, gingen sie auf einem anderen Weg nach Hause.

Auch Josef wurde in einem Traum vor Herodes gewarnt. Er floh mit dem Kind und seiner

Frau nach Ägypten. So entkam Jesus dem Mord an allen Jungen unter zwei Jahren in Bethlehem, den Herodes in Angst um seinen Thron befohlen hatte. Erst als Herodes gestorben war, konnte Josef mit seiner Familie wieder in sein Land zurückkehren.

Jesus lebte von da an in Nazareth. Als er zwölf Jahre alt war, nahm er zum Paschafest mit seiner Familie und mit Freunden an der jährlichen Wallfahrt nach Jerusalem teil. Auf der Heimreise vermisste ihn seine Familie nach einer Weile. Maria und Josef gingen zurück und suchten ihn überall. Schließlich fanden sie ihn im Tempel, vertieft in eine Diskussion mit den Schriftgelehrten dort. Die Männer waren von dem klugen Kind ganz beeindruckt und fragten sich im Blick auf die einfachen Eltern, woher er das wohl haben könnte.

Als seine Mutter Jesus ansprach: »Warum hast du uns so in Sorge versetzt, dein Vater und ich haben dich überall voller Angst gesucht«, antwortete Jesus: »Wusstet ihr nicht, dass ich im Hause meines Vaters sein muss?« Dann ging er mit ihnen heim nach Nazareth. Jesus lernte das Schreinerhandwerk und übte es aus, bis er ungefähr 30 Jahre alt war.

Matthäus 2, Lukas 2,41–52

21 Jesu Taufe und Versuchung

Als junger Mann hörte Jesus immer wieder von seinem Verwandten Johannes, dem Sohn von Elisabeth und Zacharias. Der lebte in der Wüste von Judäa. Die Menschen redeten über ihn, weil er mit seinem groben Umhang aus Kamelhaar nur von Heuschrecken und wildem Honig lebte und ständig von Umkehr sprach für einen kommenden Messias. Zum Zeichen einer tiefgehenden Reinigung der Gedanken und des Herzens konnten sich die Leute von ihm im Jordanfluss ins Wasser tauchen lassen. Johannes wollte sie auf diese Weise von allen Sünden reinwaschen.

Die Begeisterung von immer mehr Menschen für den Täufer in der Wüste rief die jüdischen Gelehrten auf den Plan, Johannes zu prüfen. Auch ihnen sagte der Mann aus der Wüste auf den Kopf zu, dass sie die Hoffnung Israels auf Erlösung durch den Messias nutzen sollten durch ein besseres Leben. *Es kommt einer, der ist größer als ich.* Johannes war sich bewusst, dass er nur mit Wasser taufte. Der Größere aber, so lehrte er, würde direkt mit dem Heiligen Geist taufen und den Glauben neu machen.

Wie so viele andere war auch Jesus neugierig auf diesen Mann geworden, der ja so alt wie er selbst war und zudem noch verwandt mit ihm. Er stellte sich in die Schlange derer, die zur Taufe kamen. Als Jesus an der Reihe war, wehrte Johannes zuerst ab: *Ich müsste von dir getauft werden.* Aber Jesus wollte wie alle anderen sein. Damit sagte er freiwillig Ja zu dem, was er von seinem Vater her sollte. Er stieg wie alle Menschen in das Wasser. Johannes taufte ihn. Da kam der Heilige Geist in Gestalt einer Taube vom Himmel herab und eine Stimme sprach: *Das ist mein geliebter Sohn. An ihm habe ich Gefallen gefunden.*

Danach fastete Jesus 40 Tage lang in der Wüste. Der Teufel probierte, ihn zu verführen, die Kraft von Gott zu missbrauchen. Aber Jesus widerstand ihm, indem er aus der Heiligen Schrift die entsprechenden Stellen zitierte. Als Jesus zum Beispiel beim Fasten richtig Hunger bekam, kam in ihm der Gedanke auf, Steine in Brot zu verwandeln. Aber er widerstand der Versuchung, indem er sich an das Bibelwort erinnerte: *Der Mensch lebt nicht nur vom Brot, sondern auch von jedem Gotteswort.* Sogar Selbstmordgedanken trieben Jesus. Als er dachte, er müsse sich von der Spitze des Tempels herunterstürzen, weil es in der Bibel ja heißt, es seien Engel da, die ihn tragen könnten, erkannte er, dass man Bibelworte auch falsch gebrauchen kann, und erinnerte sich: *Die Schriften sagen, dass du Gott nicht in Versuchung führen sollst.* Auch die dritte Versuchung bestand Jesus.

Matthäus 3,1–4,11

22 Jesus geht in die Öffentlichkeit

Nach der Gefangennahme des Johannes durch Herodes ging Jesus mit einer kurzen und klaren Botschaft an die Öffentlichkeit. Er predigte: »Die Zeit ist gekommen. Das Reich Gottes ist nahe. Bekehrt euch und glaubt an das Evangelium.«

Ebenso kurz und bündig wählte er seine ersten Jünger. Am See von Galiläa rief Jesus zuerst Simon, dessen Beiname Petrus war, und seinen Bruder Andreas. Er erklärte ihnen nicht, was er vorhatte. Es war ihm nur wichtig, dass sie bei ihm waren. Kurz darauf holte er ein weiteres Brüderpaar von ihrer Arbeit weg. Jakobus und Johannes verließen ihren Vater Zebedäus und gingen sofort mit. Jesus wurde schnell bekannt und man redete viel über ihn. Es kamen Leute von überall her, um zu hören, was er sagte. Viele wollten in ihm auch den Wundertäter sehen, der Kranke heilen konnte. So wurde Jesus, wohin er auch kam, bald von allen möglichen Leuten belagert.

In seiner Heimatstadt Nazareth hatte Jesus Gelegenheit zu einer besonderen Rede. Im örtlichen Gebetshaus lud man ihn ein, aus einer jüdischen Schriftrolle vorzulesen. Er sprach Worte des Propheten Jesaja: *Der Geist des Herrn ruht auf mir. Gott hat mich gesalbt und gesandt, den Armen die frohe Botschaft zu verkünden und den*

Gefangenen die Freiheit. Ich soll den Blinden das Augenlicht bringen und an Gottes statt ein Jahr des Heils ausrufen. Jesus schloss dann das Buch und sagte nur: *Heute haben sich diese Worte erfüllt.* Da entstand eine große Aufregung. Die Leute fanden, dass er sich als Sohn des örtlichen Zimmermanns ziemlich viel anmaßte. Als er ihnen dann noch erklärte, dass es im Volk Israel ziemlich wenige gäbe, die Gott wirklich verstanden hätten, wurden sie sehr zornig. Sie trieben ihn bis an der Rand ihrer Stadt zu einem Abgrund und wollten ihn hinunterstürzen, aber sie konnten ihn nicht erreichen.

Im Gefängnis hörte Johannes der Täufer, dass immer mehr Menschen von Jesus sprachen. Da ließ er ihn durch zwei seiner Jünger fragen: *Bist du es, der kommen soll, oder müssen wir noch weiter auf einen anderen warten?* Jesus verwies darauf, dass er für die Armen predigte und Kranke heilte. Johannes solle sich dazu seine eigenen Gedanken machen. Und dann sagte er: *Glücklich sind alle, die nicht an mir zweifeln.*

Mit dieser Antwort war Johannes zufrieden. Er hatte im Gefängnis sogar seine Bußpredigt fortsetzen können. Herodes schätzte ihn eigentlich und hörte seine Rede sehr gern. Aber weil er auf eine Hinterlist reingefallen war, musste er ihn schließlich hinrichten lassen.

Markus 1,14–20,
Lukas 4,16–30; 7,18–23, Matthäus 14,3–12

23 Jesus provoziert seine Zeitgenossen

Jesus trat zuerst in Galiläa im Norden des Gelobten Landes auf. In dem Gebetsraum von Kafarnaum erstaunte er die Leute damit, wie er die heiligen Schriften deuten konnte. Er war irgendwie anders als die Schriftgelehrten. Er redete, als habe er eine besondere Vollmacht, aber nicht nur zum Reden, sondern auch zum Handeln. Damit trieb er einer besessenen Frau den Dämon aus, obwohl es Sabbat war. An diesem Tag durfte man als frommer Jude eigentlich nichts tun. So wurde Jesus argwöhnisch beobachtet, als er am gleichen Tag weitere Wunder vollbrachte. Er heilte einen Wassersüchtigen nur mit einer leichten Berührung.

Viele Menschen sahen in Jesus einen besonderen Gottesgesandten und schlossen sich ihm an. Und immer mehr Leute liefen zusammen, wenn er irgendwo hinkam. So brach einmal eine Gruppe von Leuten ein Loch in das Dach eines Hauses, in dem Jesus war, und ließ einen gelähmten Freund direkt vor Jesu Füße herunter. Jesus heilte ihn, nachdem er ihm zunächst die Sünden vergeben hatte.

Damit entstanden neue Konflikte. Sünden konnte allein Gott vergeben, oder zumindest war dafür der Dienst der Priester im Tempel nötig. Alles andere konnte nur als unerhörte Anmaßung gesehen werden. Außerdem mischte sich Jesus in aller Freiheit und gegen alle Vorschriften unter die Aussätzigen und die, die wegen ihrer Zusammenarbeit mit den Römern total im Abseits standen. Jesus ging zum Beispiel zum Essen in die Häuser von Steuereintreibern und erklärte das damit, dass er gekommen sei, die Sünder zu rufen und nicht die Gerechten. Bei Gelegenheiten, wo andere fasteten und er und seine Jünger das nicht taten, brüskierte er die Menschen, indem er sagte: *Die Freunde des Bräutigams können nicht fasten, wenn der Bräutigam noch da ist. Wenn der Bräutigam aber da ist, dann muss man feiern. Die Zeit zum Fasten wird schon noch kommen, wenn der Bräutigam ihnen nämlich genommen sein wird.* Damit deutete Jesus auch an, dass ihm die Beziehung zu den Menschen und zu Gott wichtiger war als irgendwelche Vorschriften.

Jesus provozierte die gesetzestreuen Gläubigen seiner Zeit enorm. Sie bezichtigten ihn des Paktes mit dem Teufel. Jesus aber sagte: *Wenn ich die Dämonen, die der Teufel schickt, mit Hilfe des Teufels austreiben würde, würde er sich ja selbst ausrotten.* Solche scharfsinnigen Argumente brachten seine Gegner immer mehr in Rage.

Markus 1,21–28; 2,1–12,
Lukas 9,14–17; 13,10–17; 14,1–6; 15,1

24 Jesus schafft eine neue Familie

Zwölf Stämme gab es in Israel, und so wählte Jesus aus seinen Anhängern zwölf Menschen aus, die er selbst Apostel nannte. Das Wort Apostel bedeutet: Jene, die auserwählt sind.

Diese zwölf waren Petrus und Andreas, Jakobus und Johannes, Matthäus, Philippus, Bartholomäus, Thomas, Johannes, Judas, Simon und Judas Iskariot, der ihn später verraten sollte.

Auch Frauen gehörten zu Jesu engerem Kreis, Frauen, die er geheilt hatte und die nun für ihn und die Apostel sorgten. Besonders zu nennen sind Maria aus der Stadt Magdala und Johanna, Frau eines Bediensteten des Königs Herodes.

Das Neue an Jesu Botschaft war, dass die Zusammengehörigkeit zwischen den Menschen und der Menschen mit Gott keine Frage der Volkszugehörigkeit oder der Verwandtschaft etwa mit Abraham war. Jesus verkündete vielmehr, dass Gott alle Menschen durch ihn einigen wolle, indem der Heilige Geist die Gemeinschaft zusammenhält.

Als zum Beispiel seine eigene Familie versuchte, ihn nach Hause zurückzuholen, weil sie an seinem Verstand zweifelten, antwortete er: *Jeder, der den Willen Gottes tut, ist für mich Bruder und Schwester und Mutter.*

Jesu zwölf Apostel zogen nun aus, das Evangelium zu verkünden und Kranke gesund zu machen. Ohne Hab und Gut baten sie um Gastfreundschaft und das Wenige, was sonst zum Leben nötig war.

Später sandte Jesus erneut 72 Freunde und ließ sie erfolgreich ihre Mission erfüllen.

Jesus dankte allen und seinem Vater im Himmel. Der Schluss dieses Gebetes lautet: *»Alles ist mir von meinem Vater gegeben worden. Nur der Vater kennt den Sohn, und nur der Sohn kennt den Vater und alle jene, denen es der Sohn offenbart hat.«*

Matthäus 10; 12,46–50,
Lukas 8,1–3; 10,1–24

25 Jesus predigt auf dem Berg

Jesus setzte sich wegen der großen Menschenmenge einmal auf eine Anhöhe, um zu predigen. Er rief seine Apostel zu sich, um die Bedeutung seiner Rede hervorzuheben. Jesus sprach über das Leben im Reich Gottes. Wahre Freude sei mit denen, die sich eine richtige Lebenseinstellung bewahrten. Wer demütig auf der Suche nach dem Sinn des Lebens bliebe, wer freundlich sei und barmherzig, wer allein Gott dienen wolle und Frieden stifte, der sei gesegnet und werde ein erfülltes Leben haben. Und auch jene sollten sich glücklich schätzen, die um der wahren Werte willen verfolgt würden. Menschen wie ihnen stehe das Himmelreich weit offen.

Obwohl alle dachten, dass Jesus eine neue Lehre hätte, bekräftigte er lediglich die Schriften des Ersten Bundes: Schon der Groll über jemanden sei ähnlich zu sehen wie Mord, der Gedanken an Untreue gliche einem Ehebruch, es reiche nicht, einen Eid zu halten, sondern man solle überhaupt nur die Wahrheit sagen.

Das jüdische Gesetz erklärte, dass man einen anderen nur soviel schädigen dürfe, wie man selbst geschädigt worden sei: Auge um Auge, Zahn um Zahn. Jesus aber forderte, man müsse im Feind den Wert erkennen, den er als Mensch habe. Man solle den anderen zeigen, dass Menschen die Kette der Gewalt unterbrechen könnten, indem man denen, die einen auf die eine Wange schlügen, noch die andere hinhielte. Es sei auch besser, im Stillen Gutes zu tun, als laut darüber zu sprechen. Und man solle sich entscheiden, was man im Leben wolle, denn niemand könne zwei Herren dienen. Gottvertrauen allein reiche für ein sorgenfreies Leben ohne Angst, Misstrauen und Verurteilung.

Doch es sei schwierig, den Weg zum Reich Gottes zu finden. Es gelte, die vielen Verführer in den Bann zu schlagen. Ein wichtiges Kriterium, diejenigen zu erkennen, die es gut meinten, sei die Übereinstimmung von Wort und Tag.

Schließlich fasste Jesus seine ganze Botschaft in den Worten zusammen: *Du sollst den Herrn, deinen Gott, und den Nächsten lieben wie dich selbst.*

Matthäus 5,1–7,29

26 Jesus betet

Jesus war seinem Vater im Himmel treu verbunden. Er setzte sich oft von seinen Jüngern ab und zog sich immer wieder für längere Zeit zum persönlichen Gebet zurück. Seine Heilungen sind ohne Gebet nicht denkbar, das manchmal nur ein Blick zum Himmel war oder nicht mehr als ein Seufzen zu Gott. Auch den Abend vor seinem Leiden füllte er mit seinem Gebet, zuerst im Abendmahlssaal für seine Freunde und dann im Garten von Getsemani voller Klage über das Leiden, das ihm bevorstand. Kein Wunder, dass die Jünger ihn öfter baten, sie beten zu lehren. Dabei erfuhren sie, dass Gott das persönliche Gebet will und nicht ein öffentliches Schaubeten. Immer zu beten, sei eine wichtige Tugend, denn ein Gebet würde immer erhört. *Bittet, und ihr werdet empfangen; sucht, und ihr werdet finden; klopft an, und die Tür wird euch aufgetan werden.* Deshalb gibt es keine sinnlosen Gebete, aber Gott weiß schon vorher, was wir auf dem Herzen haben.

Wie man beten soll, das lehrte Jesus seine Jünger durch diese Worte:

Vater unser im Himmel,
geheiligt werde dein Name,
dein Reich komme,

dein Wille geschehe
wie im Himmel so auf Erden.
Unser tägliches Brot gib uns heute
und vergib uns unsere Schuld,
wie auch wir vergeben unseren Schuldigern.
Und führe uns nicht in Versuchung,
sondern erlöse uns von dem Bösen.

Mit einem weiteren Gleichnis betonte Jesus, dass jedes Gebet demütig verrichtet werde müsse: Ein Pharisäer und ein Zöllner gingen zum Beten. Der Pharisäer stand ganz vorn im Tempel und dankte Gott, nicht so zu sein wie der Zöllner. Dann zählte er auf, was er alles an Glaubenspflichten erfüllte.

Der Zöllner jedoch war hinten im Tempel stehen geblieben. Er wagte kaum, die Augen zu heben, und sagte: »Oh Gott, habe Erbarmen mit mir Sünder.«

Jesus schloss dieses Gleichnis mit der Erkenntnis, dass dem Zöllner und nicht dem Pharisäer seine Sünden vergeben würden.

Matthäus 6,5–15, Markus 7,34; 14,32–42,
Lukas 18,9–14, Johannes 17

27 Jesus redet in Gleichnissen

Jesus sprach so, dass ihn auch die einfachen Leute gut verstehen konnten. Er griff Alltagserfahrungen auf und machte darin deutlich, was sie vom »Reich Gottes« zeigten. Solche Bilderzählungen nennt man auch Gleichnisse. Jesus erzählte zum Beispiel von der Saat, die auf das Feld gebracht wird. Sie wächst und bringt Frucht, ohne dass ein Mensch etwas dafür kann. Außerdem kann man an diesem natürlichen Vorgang erkennen, dass alles einmal ein Ende hat. Es kommt nicht nur von selbst, sondern im Fall der Saat wird es durch die Ernte herbeigeführt. Ebenso hat das Reich Gottes ein Ende, wenn Gott kommt, um zu sehen, was die Menschen mit all ihren Fähigkeiten und Plänen hervorgebracht haben.

Jesus verglich das Reich Gottes und was er mit seiner Predigt und seinem Leben dafür tue mit einem Senfkorn. Das ist zwar das kleinste unter den Samenkörnern, wird jedoch zu einer großen Staude, in der viele Lebewesen ihre Heimat finden.

Jesus war es in seinen Gleichnissen vom Reich Gottes wichtig, eine Ahnung davon zu vermitteln, wie groß die Liebe Gottes ist. So erzählte er den Menschen von einem Bauern, der zwei Söhne hatte. Der jüngere ließ sich das Erbe auszahlen und verprasste alles Geld. Als er am Ende war, dachte er wieder an seinen Vater und raffte sich zu der Entscheidung auf, zu ihm zurückzukehren. Als er fast zu Hause war, sah sein Vater ihn von weitem kommen; denn er hatte nicht aufgehört, nach ihm Ausschau zu halten. Er ging dem Sohn entgegen, verzieh ihm alles und feierte mit dem ganzen Hof ein großes Fest für ihn. Der ältere Sohn war darüber nicht sehr erfreut, weil er die ganze Zeit zu Hause hart gearbeitet hatte. Er machte seinem Vater bittere Vorwürfe, dass dieser ein Fest für den verlorenen Sohn ausrichtete, er selbst aber noch nie etwas Besonderes bekommen habe. In seiner Antwort erinnerte ihn der Vater daran, dass er ja immer bei ihm gewesen sei; sein Sohn aber, der nun heimgekehrt wäre, sei tot gewesen und würde jetzt doch wieder leben.

So eine Haltung sollte den Menschen in Fleisch und Blut übergehen. Jesus verglich sie mit der Selbstverständlichkeit, mit der Sklaven sich damals nach getaner Feldarbeit auch daheim noch nützlich machten. So solle sich jeder mit seiner Liebe zu den Menschen nicht großtun. Jeder solle darin schlicht seine Pflicht erkennen.

Matthäus 13,24–32, Markus 4,26–29,
Lukas 15,11–32; 17,7–10

28 Jesus gibt überraschende Antworten

Natürlich hatten viele Menschen Fragen an Jesus. So wollten die frommen Gesetzeslehrer wissen, warum sich seine Jünger beim Essen nicht die Hände wuschen. Jesus erkannte, dass sie mit ihrer Frage kein echtes Interesse verbanden, sondern ihn nur hereinlegen wollten. Deswegen sagte er: *Ihr seid Heuchler. Ihr tut nur so, als würdet ihr euch an Gottes Gesetz halten.*

Seinen Jüngern erklärte Jesus, dass die Unreinheit eine Sache des Herzens ist. Dort entstehen die schlimmen Dinge, die dann in Mord und Todschlag enden.

Ähnlich grundsätzlich antwortete Jesus, als er zur Ehescheidung befragt wurde. Dazu muss man wissen, dass es im jüdischen Gesetz Ausnahmeregelungen gab, allerdings nur für den Mann. Jesus nun sagte, dass es von Anfang an Gottes Wille gewesen sei, dass ein Mann und eine Frau ein Leben lang miteinander leben. Kein Mensch könne trennen, was Gott verbunden hätte. Jeder, der sich scheiden lasse und neu heirate, begehe Ehebruch.

Auch junge Leute, die von Jesus begeistert waren, kamen mit ihren Fragen zu ihm. Einer wollte genau wissen, wie man ein erfülltes Leben findet. Als er die Frage Jesu nach den Zehn Geboten bejahte, blickte Jesus ihn an. Er entdeckte bei dem jungen Mann ein ungeheures Sicherheitsbedürfnis, das seinem Leben mit Gott im Weg stand. So empfahl er ihm, alles zu verkaufen, sein Geld den Armen zu geben und ihm nachzufolgen. Da ging der Mann traurig weg. Jesus wies daraufhin seine Jünger auf den engen Spalt in der Stadtmauer Jerusalems hin, den man Nadelöhr nannte. Eher würde dadurch ein schwer bepacktes Kamel in die Stadt gelangen als ein Reicher mit seinen Lasten ins Reich Gottes.

Jesu Jünger fragten ihn ein andermal, wer denn wohl im Himmelreich der Größte sei. Da stellte er einfach ein Kind in ihre Mitte. Damit lehrte er sie ohne große Worte, dass sie so formbar und empfänglich sein sollten wie ein kleiner Mensch. Und wer ein solches Kind aufnehme, weil er darin auch entdecke, dass Jesus ebenso wehrlos in dieser Welt sei, der nehme ihn damit auf und diene damit Gott am besten.

Von Petrus, dem ersten Jünger, den Jesus berufen hatte, kam die Frage, wie oft man einem Menschen eigentlich vergeben müsse, der sich immer wieder gegen einen versündige, und ob es ausreiche, ihm siebenmal zu vergeben. Jesus antwortete: »Sieben mal siebzig mal«, und wies so darauf hin, dass beim Thema Vergebung das Rechnen völlig fehl am Platze ist.

Matthäus 15,1–20; 18,1–22; 19,3–30

29 Jesus richtet Menschen auf

Oft wurden Kranke zu Jesus gebracht. Manchmal wollten die Leute nur ein tolles Wunder erleben. Doch darauf ließ sich Jesus nicht ein. Meistens wirkte er nur Wunder, wenn es wirklich nötig war. Er wollte nämlich zeigen, dass es weniger auf die wiedergewonnene Gesundheit ankommt als auf das Vertrauen zu Gott. Er versuchte sogar, die Wunder geheim zu halten, damit sich nicht ein falscher Ruf von ihm in der Gegend verbreitete.

Einmal lud ein königlicher Beamter Jesus ein, zu ihm nach Hause zu kommen, um sein Kind, das im Sterben lag, zu heilen. Jesus antwortete ihm, dass sein Sohn lebe. Der Mann glaubte Jesus. Schon auf dem Heimweg kamen Boten und teilten dem Vater voll Freude mit, sein Sohn sei geheilt aufgestanden. Der Vater rechnete nach und fand heraus, dass sein Junge genau zu der Stunde gesund geworden war, in der Jesus gesagt hatte, er sei geheilt.

Je nach Situation konnte Jesus einfach mit einem Wort heilen, oder er benutzte auch seinen Finger oder legte den Menschen die Hand auf. So heilte er zum Beispiel einen Taubstummen, indem er den Finger in das Ohr des Mannes legte und die Zunge mit seinem Speichel benetzte. Einem Blinden legte er einen Brei aus Speichel und Sand auf die Augen und die Hand auf den Kopf. Als die Sehkraft des Mannes nur langsam zurückkehrte, legte er ihm abermals die Hand auf, sodass er vollständig geheilt wurde.

Von Jesus ging eine solche Kraft aus, dass andere ihn einfach nur berühren wollten. Als er einmal in einer Menschenmenge stand, schlich sich eine Frau, die seit zwölf Jahren an Blutungen litt und der kein Arzt helfen konnte, an Jesus heran und berührte sein Gewand. Das war gegen jede Vorschrift, weil Kranke sich von Menschen fernzuhalten hatten. Die Frau aber war sofort geheilt. Jesus hatte gespürt, dass eine Kraft von ihm ausging, und fragte, wer ihn berührt habe. Als die Frau voller Angst gestand, dass sie es gewesen sei, sagte Jesus zu ihr: *Meine Tochter, dein Glaube hat dich geheilt. Gehe in Frieden.*

In Jerusalem heilte Jesus einen Mann, der von Geburt an blind war. Damit wollte er zeigen, dass keine Krankheit eine Strafe Gottes ist. Gott kann vielmehr jede Situation dazu nutzen, seine Herrlichkeit zu offenbaren. Dieses Wunder brachte die frommen Leute gegen Jesus auf. Er hatte nämlich nicht nur den Blinden geheilt, sondern auch noch gesagt, dass sie ebenfalls blind seien, und zwar wegen ihrer festgefahrenen Ansichten.

Markus 5,21–43; 7,31–37; 8,22–26,
Johannes 4,43–54; 9,1–12

30 Jesus ruft Tote zum Leben

Bei drei Gelegenheiten erweckte Jesus tote oder fast tote Menschen wieder zum Leben. Einmal kam der Synagogenvorsteher Jairus zu Jesus. Seine Tochter sei schwerkrank. Jesus solle kommen, um ihr die Hände aufzulegen. Als sie an seinem Haus ankamen, war die Tochter aber schon tot. Jesus ging allein mit dreien seiner Jünger an das Totenbett. Er nahm die Hand des Mädchens und sagte in seiner aramäischen Muttersprache: *»Talita kum.«* Das heißt übersetzt: *»Mädchen, ich sage dir, steh auf.«* Sofort stand das Mädchen auf. Und Jesus gab es den Eltern zurück.

In der Nähe von Nain bei Galiläa begegnete Jesus dem Leichenzug für den einzigen Sohn einer Witwe. Jesus stoppte die Prozession und rief: *Junger Mann, ich sage dir, steh auf.* Da setzte sich der Mann auf und begann zu sprechen. So gab Jesus ihn seiner Mutter zurück.

Die dritte Totenerweckung betraf einen engen Freund Jesu mit Namen Lazarus. Dieser lebte mit seinen Schwestern Martha und Maria in einem Dorf in Bethanien, in der Nähe von Jerusalem. Als ihn eines Tages die dringende Nachricht erreichte, dass Lazarus sehr krank sei, machte er sich sofort auf den Weg. Doch als er ankam, war sein Freund schon vier Tage beerdigt. Martha und Maria klagten Jesus, dass Lazarus noch am Leben sein könnte, wenn er da gewesen wäre. Jesus fragte sie jedoch: *Glaubt ihr, dass ich die Auferstehung und das Leben bin?* Als sie ihm weinend antworteten, dass ihr Bruder nicht gestorben wäre, wenn er da gewesen wäre, begann auch er zu weinen. Dann ging er zu dem Felsengrab und ordnete an, dass der Stein davor weggewälzt würde. Nach einem kurzen Gebet rief er: *Lazarus, komm heraus.* Da kam dieser, noch ganz mit Leinentüchern umwickelt, heraus.

Dieses Wunder war eine der Ursachen, warum Jesus immer stärker beargwöhnt wurde. Die jüdischen Führer dachten sogar, Jesus würde angesichts der Aufregung im Volk einen Aufstand anzetteln. Sie fürchteten, es könnte dadurch zu noch stärkerer Unterdrückung seitens der Römer kommen. Und so kam es schließlich, dass der Hohepriester Kajaphas sagte, es sei besser, dass *ein* Mensch sterbe für das Volk, als wenn eine ganze Nation zu Grunde ginge. Von da an begannen sie systematisch, Jesu Tod zu planen.

Markus 5,21–43, Lukas 7,11–17;
Johannes 11,1–53

31 Jesus erweist sich als Herr der Schöpfung

Jesus griff mit seiner Kraft auch in Naturvorgänge ein. Simon Petrus und seine Fischerkollegen hatten einmal eine ganze Nacht umsonst gearbeitet. Doch Jesus forderte sie auf, es ein letztes Mal zu versuchen. Da fingen sie soviel, dass ihre Netze fast zerrissen und das Boot unter der Last zu sinken begann. Voller Staunen fiel Petrus Jesus zu Füßen und rief aus: *Geh weg von mir, Herr, ich bin ein Sünder.* Aber Jesus antworte ihm: *Hab keine Angst, du wirst von nun an Menschen fischen.*

Ein andermal fuhren sie nach einem anstrengenden Tag über den See von Galiläa. Als ein Sturm aufkam, gerieten die Jünger in Todesangst. Jesus aber lag erschöpft hinten im Boot und schlief. Da weckten ihn die Jünger. Er schimpfte mit ihnen und fragte sie, warum ihr Glaube nur so klein sei. Dann befahl er dem Wind und den Wellen: *Schweig. Sei still!* Und es trat völlige Stille ein. Da fragten sich die Jünger: *Wie kann das sein? Sogar der Wind und die See gehorchen ihm?*

Manchmal waren so viele Menschen bei Jesus, dass die Jünger sich keinen besseren Rat wussten, als Jesus vorzuschlagen, die Leute nach Hause zu schicken. Jesus aber entgegnete ihnen: *Gebt ihr ihnen zu essen.* Die Jünger widersprachen ihm mit dem Hinweis, es seien nicht mehr als fünf Brote und zwei Fische vorhanden. Doch Jesus ließ die Menge sich ins Gras setzen, segnete die Speise, dankte seinem Vater und ließ durch seine Jünger an alle austeilen. Nicht nur, dass alle satt wurden; es blieben am Ende auch noch zwölf Körbe voll übrig, die eingesammelt wurden.

Nach diesem Wunder wollte Jesus allein sein und beten. Er schickte seine Jünger mit dem Boot über den See von Galiläa. Als sie auf dem See in Dunkelheit und Sturm gerieten, sahen die Jünger plötzlich Jesus auf dem Wasser gehen. Weil sie dachten, es sei ein Geist, schrien sie vor Entsetzen. Er aber sagte zu ihnen: *Habt doch Vertrauen. Ich bin es. Ihr braucht euch nicht zu fürchten!* Petrus bat Jesus, ihn zu sich zu rufen. Doch als er die ersten Schritte auf dem Wasser gemacht hatte, begann er zu versinken. Da ergriff Jesus seine Hand, und sie stiegen gemeinsam ins Boot. Der Wind legte sich. Die Jünger fielen Jesus vor Staunen und Schreck zu Füßen. Sie bekannten: *Du bist wirklich Gottes Sohn!*

Matthäus 14,22–32,
Markus 4,35–41; 6,45–52, Lukas 5,1–11

32 Jesus gibt den Jüngern Einblick in sein Wesen

Alle, die Jesus erlebten, machten sich Gedanken darüber, warum er sie so faszinierte. Manche dachten, er wäre der Messias, der gekommen sei, ein neues Königreich für Israel einzurichten und die Römer aus dem Land zu vertreiben. Als Jesus einmal mit seinen Jüngern in das Gebiet von Cäsarea-Philippi im Norden des Sees von Galiläa kam, fragte er sie, was die Leute so von ihm erzählten. Seine Jünger meinten, viele würden ihn mit Johannes dem Täufer verwechseln. Andere erzählten, er sei Elija, der zurückgekommen sei, oder ein anderer der Propheten. Als Jesus sie fragte, was sie denn selbst dächten, antwortete Petrus: *Du bist der Messias.* Jesus widersprach ihm nicht, befahl aber seinen Jüngern, niemandem etwas davon zu erzählen. Dann lehrte er sie, dass er wirklich der Messias sei, aber ein anderer, als die Leute sich das vorstellten. Er müsse leiden, er müsse sterben, aber er würde auch wieder auferstehen. Petrus erschrak sosehr über diese dunkle Prophezeiung, dass er sich Jesus in den Weg stellte. Doch dieser wies ihn schroff zurecht, er würde nur denken, wie Menschen dächten, und nicht das, was Gott dächte.

Wer ihm, dem Messias, nachfolgen wolle, der müsse auch bereit sein, mit ihm zu leiden. Jeder,

der sein Leben für sich gewinnen wollte, würde es ja doch irgendwann verlieren; wer aber um Jesu willen ganz auf selbstbezogenes Planen verzichte und nur noch mit ihm lebe, der gewänne das wahre Leben.

Später nahm Jesus Petrus, Jakobus und Johannes mit auf einen Berg. Dort erhielten die drei einen einzigartigen Einblick in das Wesen und den Auftrag Jesu. Sie erlebten mit, wie Jesus vor ihren Augen verwandelt wurde. Seine Kleider leuchteten wie Schnee und es war eine leuchtende Wolke der Herrlichkeit Gottes um ihn. Mose und Elija erschienen. Als Zeugen des Bundes Gottes mit Abraham, Isaak und Jakob sprachen sie mit Jesus so vertraut, als würden sie ihn schon lange kennen. Für die drei Jünger war das zuviel. Sie wurden ohnmächtig und fielen zu Boden. Eine Stimme aus der Wolke sprach: *Dies ist mein geliebter Sohn, auf ihn sollt ihr hören.* Als sie später den Berg hinunter stiegen, verbot ihnen Jesus, jemandem davon auch nur ein Wort zu sagen, bis er von den Toten auferstanden sei. Sie jedoch wussten nicht, was er meinte, als er von Auferstehung sprach.

Matthäus 16,13–23; 17,1–13

33 Jesu Innerstes

Jesus sprach nur wenig über sich selbst. Im Streit mit ihm hatten sich die Pharisäer einmal so aufgeregt, dass sie ihn beschimpften, er sei ein Fremder und von einem Dämon besessen. Jesus entgegnete ihnen, sie würden sich nur aufregen, weil er an seinen Vater im Himmel ebenso intensiv glaubte wie ihr Stammvater Abraham. Als sie ihm daraufhin vorhielten, er übertreibe aber nun heftig, weil er sich mit Abraham gleichstelle, antwortete er: *Ehe Abraham war, bin ich.* Damit deutete Jesus an, dass er schon vom Anfang der Welt an Anteil an Gott und seinen Plänen hatte.

Davon spricht auch der Anfang des Johannesevangeliums: Gott hatte durch sein Wort die Welt geschaffen. In diesem Wort schwang der Urgedanke mit, dass in der geschaffenen Welt einmal ein Wesen leben sollte, das der Liebe Gottes mit Herz und Verstand antworten könne. Dieser Urgedanke ist in Jesus zum wahren Menschen geworden. Um die anderen Menschen für Jesus bereit zu machen, war durch Moses das Gesetz in die Welt gekommen. Doch leider haben die Menschen ihn nicht aufgenommen, obwohl in ihm Leben in Fülle und die Wahrheit für alle Menschen sichtbar geworden ist.

Um diesen Wesenskern Jesu zu verstehen, schlich sich eines Nachts der Pharisäer Nikodemus zu Jesus. Er gestand ihm, dass er ihn für den von Gott gesandten wahren Lehrer hielt. Jesus ging darauf jedoch nicht ein. Er wies ihn vielmehr darauf hin, dass seine Sendung etwas mit dem Heiligen Geist zu tun habe. Vom Wind wisse man, obwohl man ihn nur wehen spüre, woher er komme und wohin er gehe. So unvorhersehbar werde einer auch aus dem Geist neu geboren. Es gehe darum, an ihn, Jesus, zu glauben. Dann sei man einer, der von Gott richtig ausgerichtet sei: Einer, der nur noch die Wahrheit tut und Gottes Licht in die Welt bringt.

Einmal traf Jesus eine samaritische Frau. Als jüdischer Mann hätte Jesus sie weder als Frau noch als Frau aus einer schlecht angesehenen Volksgruppe ansprechen dürfen, doch er bat sie um Wasser. Darüber wunderte sich die Frau sehr. Jesus jedoch erklärte ihr, dass aus seinem Inneren Ströme eines Wassers fließen, das ihn zu einer solchen Handlung drängte. Denn Gott wolle nicht an bestimmten Stätten oder in bestimmten Volksgruppen angebetet werden, sondern allein im Geist und in der Wahrheit.

Johannes 1,1–18; 3,1–21; 4,1–42; 8,48–59

34 Jesus wird immer deutlicher

Jesus ging mit dem vollem Bewusstsein nach Jerusalem, dass es dort für ihn gefährlich wird. Auf dem Weg warnte er seine Jünger, dass sie ihn bald leiden sehen würden. Diese wollten das natürlich nicht wahrhaben und begriffen nicht, was Jesus damit bezwecken wollte. Jesus kritisierte die Pharisäer mit scharfen Worten und beschimpfte sie als Heuchler und schön dekorierte Gräber, die innen aber voller Moder seien. Er beanstandete, die Pharisäer würden das jüdische Gesetz so rigoros auslegen, dass ihnen Gerechtigkeit und Liebe egal seien. Ja, er ging so weit, dass er sie beschuldigte, sie würden das Volk mit ihren Gesetzesauslegungen bewusst unterdrücken.

Während eines Essens sah er, wie sehr sich die Gäste um die Ehrenplätze stritten. Er packte die Gelegenheit beim Schopfe und lehrte alle, dass Gott die Niedrigen erhöhen wird und dass sich deswegen zum Zeichen des Vertrauens auf Gott jeder den letzten Platz suchen solle.

Bei einer anderen Gelegenheit erzählte Jesus die Geschichte vom Gastgeber, dessen eingeladene Gäste nicht kamen. Vor Ärger darüber habe er sein Haus mit Leuten von der Straße gefüllt. So wies Jesus darauf hin, wie sehr sich sein Vater im Himmel danach sehnte, dass alle Menschen der Einladung folgten. Gleichzeitig kritisierte er damit auch die Angehörigen seines eigenen Volkes, die als Erste die Einladung zum Leben im Gottesreich erhalten hatten, sie aber nicht ernsthaft angenommen hatten.

In der Nähe der Stadt Jericho rief ein Blinder Jesus mit dem Ehrentitel des Messias an, der sich auf König David bezog: *Jesus, Sohn Davids, habe Erbarmen mit mir.* Die Leute wollten ihm den Mund verbieten, aber er rief so lange, bis Jesus jemanden hinschickte, um ihn zu holen. Dann heilte er ihn.

Als Jesus einmal in Jericho ankam, wollte ihn der kleinwüchsige Zöllner Zachäus unbedingt sehen. Er kletterte auf einen Baum, um Jesus wenigstens aus der Ferne zu sehen. Jesus aber entdeckte ihn im Laub des Baumes und rief ihn mit den Worten herunter: *Zachäus, heute noch muss ich bei dir zu Gast sein.* Die Leute ärgerten sich darüber, dass sich Jesus bei einem Sünder wie diesem Paktierer mit der Besatzungsmacht der Römer einlud. Aber Zachäus versprach Jesus, sich sofort zu ändern. Er wolle alles, was er ungerechtfertigt an Geld eingenommen hatte, den Leute wieder zurückgeben. Darüber freute sich Jesus und sagte: *Heute ist das Heil in diesem Haus angekommen.* Und seinen Kritikern hielt er entgegen: *Mein Auftrag ist es doch, alle zu suchen und zu heilen, die verloren sind.*

Lukas 9,51; 11,37–52; 14,7–24; 18,31–19,10

35 Jesus gestaltet den Anfang seines Leidensweges

Auf dem letzten Weg Jesu nach Jerusalem wollten die Jünger von ihm wissen, was denn daraus werde, dass sie alles verlassen hätten. Jesus prophezeite ihnen, sie würden Häuser und Äcker erhalten, aber auch Verfolgungen erleiden müssen. Sie sollten sich aber keine Sorgen machen: Die jetzt noch als Erste Ansehen hätten, würden später die Letzten sein. Jesus schärfte ihnen auch noch ein, dass Herrschaft in seinem Sinn immer Dienst bedeute. So gab er ihnen eine neue Einstellung, mit der sie später seinen Kreuzweg als Dienst an den Menschen und damit als seine neue Art zu herrschen verstehen konnten.

Bei seinem Einzug in Jerusalem liefen die Leute Jesus mit Palmzweigen in Händen entgegen. Er nahm sich einen Esel und ritt darauf weiter. So sollten sich alle an das Bibelwort erinnern: *Fürchte dich nicht, Jerusalem. Dein König kommt zu dir. Er reitet auf dem Fohlen einer Eselin.*

Am nächsten Tag wollte Jesus von einem Feigenbaum eine Frucht essen. Weil dieser aber keine trug, verfluchte Jesus ihn. Dann ging er in den Tempel und trieb mit der gleichen Kraft alle hinaus, die da ihre Geschäfte betrieben. Der Tempel sei ein Haus des Gebetes und kein Warenhaus. Die religiösen Autoritäten ärgerten sich über diese Einmischung Jesu in ihre Angelegenheiten. Sie hätte ihn gern unverzüglich beseitigt, hatten aber Angst vor der Volksmenge. Als Jesus mit seinen Jüngern am nächsten Morgen an dem Feigenbaum vorbeikam, sahen sie, dass dieser verdorrt war. Seine Jünger waren entsetzt darüber. Jesus aber entgegnete ihnen: »Ihr müsst nur den Glauben an Gott haben!« Wer wirklich glaube, der könne sogar Berge versetzen.

Am Abend war Jesus im Haus seines Freundes Lazarus in Bethanien. Martha bediente sie. Da nahm ihre Schwester Maria eine große Portion kostbaren Duftöls und salbte Jesus die Füße. Das ganze Haus wurde von Duft erfüllt. Judas Iskariot, der ihn später verraten sollte, kritisierte das Verhalten der Frau. Scheinheilig warf er ein, dass das Geld besser als Hilfe für die Armen angelegt worden wäre. Jesus erwiderte ihm darauf: *Arme werdet ihr immer bei euch haben. Diese Frau hat meinen Leib schon für das Begräbnis vorbereitet.* Kurz danach verriet Judas Iskariot den jüdischen Autoritäten, wo sie Jesus am günstigsten gefangen nehmen könnten. Man gab ihm den vereinbarten Verräterlohn und begann, Jesu Gefangennahme konkret zu planen.

Matthäus 21,5; 26,14–16, Markus 10,28–45; 11,12–25, Johannes 12,1–19

36 Jesus durchschaut seine Gegner

Kurz vor dem Paschafest waren viele Pilger in Jerusalem. Jesus hielt sich fast jeden Tag im Tempel auf. Die religiösen Führer waren darüber sehr beunruhigt. Sie fragten Jesus, mit welchem Recht er im Tempel lehre. Statt zu antworten, stellte Jesus ihnen die Frage, ob die Taufe des Johannes vom Himmel oder von den Menschen stamme. Würden sie sagen: vom Himmel, müssten sie erklären, warum sie Johannes nicht glaubten. Sagten sie, diese Taufe stamme von den Menschen, hätten sie die Leute gegen sich. Deswegen antworteten sie ihm, dass sie es nicht wüssten. Daraufhin sagte ihnen Jesus, dann wisse auch er nicht, mit welchem Recht er lehre.

Als die Schriftgelehrten merkten, dass sie Jesus nicht gewachsen waren, wollten sie ihn ausschalten. Aber sie hatten Angst vor der Reaktion der Menge. Also sandten sie ihm neue Fragesteller. Diese sollten ihn zu falschen Antworten verleiten, um ihn dann offiziell abführen lassen zu können. So wollten sie von ihm wissen, ob man als gläubiger Jude den Römern Steuern zahlen dürfe. Jesus ließ sich eine Münze geben. Er fragte sie, welches Bildnis auf dieser zu sehen sei. Sie antworteten: *Das Bildnis des Kaisers.* Und er antwortete ihnen: *So gebt dem Kaiser, was dem Kaiser gehört, und Gott, was Gott gehört.*

Auf die Frage, welches Gebot denn wohl das größte sei, antwortete Jesus ihnen, dass es zwei seien, die größer sind als alle anderen. Das erste sei: *Höre, Israel, Gott, unser Herr, ist der einzige Gott. Und du sollst den Herrn, deinen Gott, lieben, mit ganzem Herzen, ganzer Seele und dem ganzen Verstand und mit all deinen Kräften.* Und das zweite sei: *Du sollst deinen Nächsten lieben wie dich selbst.*

Einmal sah Jesus, wie eine arme Witwe ein kleines Geldstück in den Opferkasten des Tempels warf. Er rief seine Jünger zu sich und lehrte sie, dass diese Frau mehr gegeben habe als viele andere, die nur von ihrem Überfluss gaben; sie nämlich habe fast ihren ganzen Besitz gegeben.

Als die Jünger Jesus auf die Schönheit des Tempels hinwiesen, sagte er ihnen, dass kein Stein auf dem anderen bleiben würde. Es kämen Zeiten, in denen Familien an der Frage, wer der richtige Gott sei, zerbrechen würden. Niemand könne wissen, wann der Hass und der Streit vom Hausherrn der Welt beendet werden würde. Deswegen sollten alle wachsam sein und seine Ankunft erwarten.

Markus 11,27–33; 12,13–14,37

37 Jesus sagt, worauf es am Ende ankommt

Jesus verdeutlichte auf seinem Weg zum Kreuz, dass Gott den Menschen zwar fordert, aber niemals überfordert. So erzählte er von einem Mann, der auf Reisen ging und seinen drei Dienern große Teile seines Vermögens überließ, jedem entsprechend seinen Fähigkeiten. Als er zurückkam, wollte er von ihnen das Ergebnis sehen. Zwei von ihnen hatten ihre Anteile verdoppelt. Zur Belohnung übertrug der Herr ihnen einen entsprechend großen Verantwortungsbereich. Am wenigsten hatte der Diener erwirtschaftet, der das kleinste Risiko hatte, da ihm nur wenig gegeben worden war. Er hatte das Geld einfach nur sicher deponiert, weil er Angst vor seinem strengen Herrn hatte, der ihn ja bestrafen könnte, wenn er es verlieren würde. Soviel Misstrauen ärgerte den Herrn. Er gab den geringen Betrag noch den beiden dazu, die mit dem Vermögen gearbeitet hatten. Den dritten entließ er aus seinem Dienst. Am Ende der Geschichte sagte Jesus dann: *Wem viel gegeben worden ist, von dem wird auch viel zurückverlangt werden.*

Solche Gerechtigkeit kann nur mit dem Heiligen Geist begriffen werden. Dieser hilft, die Sünden zu erkennen und durch Jesus den Weg zum Vater zu finden.

Jesus leitet seine Jünger an, ganz auf Gott und auf den Nächsten ausgerichtet zu leben. Er verdeutlicht das an dem Gleichnis vom Endgericht.

Der Menschensohn sitzt am Ende der Zeiten zu Gericht über die Menschen. Er teilt die Menschheit in zwei Gruppen ein. Die Bösen stehen auf seiner linken, die Guten auf seiner rechten Seite. Die zu seiner Rechten lädt er ins Reich Gottes ein, weil sie ihm zu essen und zu trinken gegeben, ihn bekleidet und besucht haben. Als diese zurückfragen, wann sie das denn getan hätten, erklärt er ihnen, dass sie alles, was sie irgendwelchen Menschen an notwendiger Hilfe gaben, sie ihm gegeben haben. Und zu denen auf seiner linken Seite wird er sagen: *Was ihr irgend einem Menschen an Notwendigem nicht gegeben habt, das habt ihr mir nicht gegeben.* Und sie werden für ewig bestraft werden. Die anderen aber, so endet das Gleichnis, werden für immer in das wahre Leben mit Gott eingeladen.

Matthäus 25,14–46, Johannes 16,7–11

38 Jesus macht ein persönliches Geschenk

Jesus sah seinen gewaltsamen Tod auf sich zukommen. Vorher aber wollte er seinen Freunden noch etwas weitergeben. Dazu versammelte er sie im Obergeschoss eines Hauses in Jerusalem. Die Jünger dachten, er wolle das Pascha-Fest mit dem typischen rituellen Festessen aus ungesäuertem Brot, Wein und Lammfleisch halten. Doch als Jesus nach dem Segen und dem Dankgebet das Brot zu verteilen begann, sprach er beim Brechen des Brotes: *Das ist mein Leib für euch. Tut dies zu meinem Gedächtnis.* Dann ging das Essen weiter. Zum Abschluss des Essens nahm Jesus wie vorgeschrieben den Segensbecher mit Wein. Er sprach das Dankgebet und begann, den Becher an die Jünger weiterzugeben. Dabei sprach er: *Dieser Kelch ist der Neue Bund in meinem Blut.* Die Jünger sollten ein solches Mahl immer wieder zu seinem Gedächtnis feiern.

Beim Essen erfuhr Petrus von Jesus, er würde seinen Meister verraten, was der Apostel sich aber nicht vorstellen konnte. Doch Jesus blieb dabei: *Noch ehe der Hahn kräht, wirst du mich dreimal verleugnen.*

Zum Ritus des Pascha-Mahles gehörte eine Fußwaschung. Meistens wurden dafür Sklaven eingesetzt. Doch diesmal machte sich Jesus an diese Arbeit. Dabei erklärte er seinen Jüngern, dass er zwar ihrer Lehrer und ihr Herr sei; trotzdem müsse er ihnen die Füße waschen. So sollten sie lernen, dass keine Position so hoch ist, dass man darin nicht anderen auch in den kleinsten Dingen dienen kann. Sie sollten das von ihm lernen und einander dienen.

Am Ende dieses Mahls verließ Judas den Kreis der Jünger Jesu. Er ging zum Hohenpriester und zu den anderen religiösen Hauptamtlichen und verriet ihnen, wo Jesus mit seinen Jüngern nach dem Mahl hingehen wollte.

Nachdem Judas gegangen war, gab Jesus den elf Übriggebliebenen einen Einblick in das, was nun kommen sollte und welchen Sinn das haben werde. In früheren Reden hatte sich Jesus schon selbst »Brot des Lebens« genannt, »Licht der Welt«, »guter Hirte« oder »Auferstehung und Leben«. Jetzt sagte er zu ihnen, dass er der Weg sei, die Wahrheit und das Leben. Der Weg zum Vater gehe allein über ihn. Er bezeichnete sich als wahren Weinstock; nur Rebzweige, die mit ihm verbunden blieben, könnten Frucht bringen.

Dann sprach Jesus davon, dass sie einander lieben sollten, wie er den Vater im Himmel liebte. Die höchste Liebe jedoch sei, wenn jemand sein Leben für seine Freunde hingebe.

Lukas 22,1–20, Johannes 13–17,
1 Korinther 11,24–25

39 Jesus wird verraten

Nach dem letzten Abendmahl ging Jesus mit seinen Jüngern in die Olivengärten außerhalb von Jerusalem. Als sie beim Garten Getsemani waren, schritt er mit Petrus, Jakobus und Johannes noch ein Stück tiefer in den Garten. Dann sagte er voller Trauer zu ihnen: *Mein Herz ist betrübt. Bleibt hier und wacht mit mir.* Dann machte er ein paar Schritte zur Seite, warf sich auf den Boden und betete, dass ihm das erspart bleiben möge, was nun komme: *Vater, alles ist dir möglich. Lass diesen Kelch an mir vorübergehen. Aber nicht, wie ich will, sondern wie du es willst.*

Als Jesus zu seinen Freunden zurückkam, waren diese eingeschlafen. Er weckte sie und schärfte ihnen ein, wach zu bleiben und zu beten, um nicht in Versuchung zu geraten, vom Glauben Abstand zu nehmen. Die Jünger aber schliefen wieder ein. Als Jesus sie das dritte Mal weckte, rückte schon eine Gruppe bewaffneter Männer an. Sie kamen im Auftrag der jüdischen Obrigkeit, angeführt von Judas. Der Verräter hatte ihnen gesagt, er werde Jesus einen Begrüßungskuss geben, dann wüssten sie, wen sie packen sollten. Als die Soldaten Jesus gefangen nahmen, kam es zu einem kleinen Handgemenge, bei dem ein Diener des Hohenpriesters ein Ohr verlor. Jesus heilte es.

Dann sagte er: *Wie gegen einen Räuber seid ihr ausgezogen mit Schwertern und Knüppeln, um mich zu fangen. Dabei habe ich doch täglich offen im Tempel gelehrt. Aber jetzt muss die Schrift erfüllt werden.* Jesus wurde schließlich abgeführt. Seine Jünger aber flüchteten in panischer Angst.

Jesus wurde zuerst in das Haus des Hohenpriesters Kajaphas gebracht. Petrus war ihm aus der Ferne gefolgt. Er setzte sich zu einer Gruppe, die an einem Feuer im Hof saß. Eine der Mägde schaute ihn genauer an und sagte: *Dieser Mann war auch mit Jesus.* Petrus antwortete: *Ich weiß nichts von ihm.* Noch zweimal wurde er im Laufe der Nacht so angesprochen, aber jedes Mal leugnete er. Nach dem dritten Mal blickte Jesus zu ihm herüber, und Petrus erinnerte sich an Jesu Prophezeiung vom Vorabend. Da ging Petrus aus dem Hof hinaus in die Nacht und weinte bitterlich.

Markus 14,26–72

40 Jesus wird ungerecht verurteilt

Am Morgen brachten die Wächter Jesus vor den Hohen Rat, zu dem weise Männer und der Hohepriester der Juden gehörten. Diese betrachteten sich als oberste Hüter der israelitischen Religion und als Lehrer des göttlichen Gesetzes für ein richtiges Leben. Als sie von Jesus wissen wollten, ob er der Messias sei und der Sohn Gottes, sagte Jesus: *Ich bin es.* Da schrien sie auf, weil sie Jesu Wort als grobe Gotteslästerung betrachteten. Damit stand für sie fest, dass er hingerichtet werden müsse.

Da sie das aber nicht selbst tun konnten, brauchten sie die Politik dafür. So kam Jesus zu Pontius Pilatus, dem römischen Gouverneur von Jerusalem.

Der Hohepriester und sein ganzer Rat klagten Jesus vor ihm an, er halte sich für den König der Juden; damit wolle er die herrschende Rolle Roms untergraben. Im Gespräch mit Jesus aber fand Pilatus für sich heraus, dass Jesus nichts Falsches getan hatte. So wollte er ihn frei lassen. Als er jedoch entdeckte, dass Jesus ein Galiläer sei, sandte er ihn doch lieber zu Herodes Antipas, dem Herrscher der Provinz von Galiläa.

Weil Herodes viel von Jesus gehört und schon lange den Wunsch hatte, ihn zu treffen, unterhielt er sich lange mit ihm. Schließlich sandte

Herodes Jesus aber unverrichteter Dinge zu Pilatus zurück.

Pilatus hatte immer noch das Gefühl, dass Jesus fälschlicherweise verurteilt werden sollte. Da Pilatus aber irgendwie handeln musste, beschloss er, dass das Volk entscheiden solle. Es war damals üblich, zu einem Fest einen Gefangenen frei zu lassen. Er stellte ihnen Barabbas, einen bekannten Räuber, und Jesus zur Wahl. Weil die Leute vom Hohen Rat das Volk aber bereits aufgewiegelt hatten, schrien sie: *Lass Barabbas frei.* Als Pilatus dann fragte, was er mit dem tun solle, der Jesus heiße und Messias genannt werde, skandierten sie immer wieder laut: *Kreuzige ihn. Kreuzige ihn.*

Pilatus merkte, dass er gegen die johlende Menge nichts ausrichten konnte. Weil die Gefahr bestand, dass ein Tumult ausbrach, ließ er Barabbas frei.

Jesus aber wurde in die Hände der Soldaten gegeben, die ihn kreuzigen sollten. Sie trieben ihren Spott mit ihm. Sie hingen ihm zum Beispiel einen Purpurmantel um, gaben ihm einen Stab in die Hand und setzten ihm eine Dornenkrone auf. Dann führten sie ihn vor die Stadt zum Hinrichtungsort. Sein Kreuz musste Jesus selbst dorthin schleppen.

Lukas 22,66–23,25

41 Jesus wird gekreuzigt und stirbt

Jesus trug sein Kreuz. Aber er war zu schwach, um es bis zum Ort der Hinrichtung zu tragen. Deshalb zwangen die Soldaten einen Mann mit Namen Simon von Cyrene, ihm das Kreuz tragen zu helfen. Als Jesus einige Frauen weinen sah, forderte er sie auf, weniger über ihn zu weinen, sondern mehr über sich selbst und ihre Kinder angesichts der schlimmen Zeiten, die ihnen bevorstünden.

Schließlich kamen sie auf Golgota an. Übersetzt heißt das »Schädelhöhe« und weist darauf hin, dass hier schon viele hingerichtet wurden. Die Soldaten kreuzigten Jesus zwischen zwei Verbrechern. Im Blick auf die Soldaten betete Jesus: *Vater, vergib ihnen, denn sie wissen nicht, was sie tun.* Über seinem Kopf brachten die Soldaten eine Inschrift an: *Jesus von Nazareth, König der Juden.* Dann nahmen sie seine Kleidung und verteilten sie unter sich. Weil Jesu Mantel ein zusammenhängendes Stück Stoff war, wollten sie ihn nicht zerteilen. So warfen sie das Los darüber.

Auch am Kreuz noch wurde Jesus verspottet. Einige sagten: *Anderen Leuten konnte er helfen, jetzt soll er sich doch selbst helfen, wenn er wirklich der von Gott erwählte Messias ist.* Auch einer der Verbrecher verspottete ihn. Der andere aber wies diesen zurecht und sagte: *Wir erhalten nur eine gerechte Strafe, aber dieser Mann hat nichts Böses getan.* Und zu Jesus sagte er: *Denk an mich, Herr, wenn du in dein Reich kommst.* Jesus antwortete ihm: *Heute noch wirst du mit mir im Paradies sein.*

Unter dem Kreuz standen Maria, Jesu Mutter, und Johannes, sein Lieblingsjünger. Zu seiner Mutter sagte er: *Frau, das ist dein Sohn.* Und zu dem Jünger sagte er: *Das ist deine Mutter.* Von diesem Tag an sorgte Johannes für die Mutter Jesu.

Mittags um Drei wurde es dunkel. Jesus betete mit lauter Stimme: *Mein Gott, mein Gott, warum hast du mich verlassen?* Ein Soldat wollte Jesus noch Wein zu trinken geben, der mit Essig gemischt war. Er steckte einen Schwamm auf eine Lanze und hielt diesen Jesus an den Mund. Dann schrie Jesus auf und starb. In diesem Moment riss der Vorhang im Tempel mitten entzwei und die Erde bebte. Einer der dabeistehenden römischen Offiziere sagte: *Dieser war wirklich Gottes Sohn.*

Jesus starb am Vorabend des Paschafestes. Die Juden wollten nicht, dass am Feiertag Verstorbene am Kreuz hängen. Als sie zu Jesus kamen, sahen sie, dass dieser schon tot war. Ein Soldat stieß mit seiner Lanze in die Seite Jesu. Blut und Wasser flossen heraus.

Lukas 23,26–49, Johannes 19,20–37

42 Jesu Auferstehung

Um Jesus bestatten zu können, bat Josef von Arimathäa, ein Anhänger Jesu und doch auch Mitglied im jüdischen Rat, den Statthalter Pilatus um Jesu Leichnam. Es wurde ihm erlaubt, und so nahmen er und Freunde Jesus vom Kreuz ab, wickelten den Leichnam in Leinentücher ein und legten ihn in ein Felsengrab, das Josef eigentlich für sich selbst hatte vorbereiten lassen. Dieses Grab wurde mit einem großen Stein verschlossen. Einige Frauen, die in tiefer Trauer über die Kreuzigung Jesu waren, beobachteten genau, wo und wie man Jesus bestattete. Sie nahmen sich vor, am übernächsten Tag den Leichnam noch einzubalsamieren.

Am Sabbat gingen einige Führer der Juden zu Pilatus und forderten ihn auf, das Grab bewachen zu lassen. Sie argwöhnten, Jesu Jünger könnten kommen und den Leichnam stehlen, um dann eine Geschichte daraus zu machen, Jesus sei vom Tod erstanden. Pilatus gefiel der Vorschlag. So wurde das Grab vollständig versiegelt und eine Wache davor gestellt.

Am Morgen des ersten Tages der Woche gingen Maria von Magdala und noch eine andere Maria mit kostbaren Salbölen zum Grab. Plötzlich war da ein großes Erdbeben. Ein Engel kam vom Himmel herab, rollte den Stein vom Grab weg und setzte sich darauf. Er sagte zu den Frauen: *Habt keine Angst. Jesus ist auferstanden. Er geht euch voraus nach Galiläa. Geht schnell und erzählt es seinen Jüngern.*

Als die Frauen voller Furcht wegliefen, stießen sie plötzlich auf Jesus selbst. Sie fielen ihm zu Füßen. Er forderte sie aber auf, weiterzugehen und die Botschaft des Engels den Aposteln weiterzusagen.

Die Wächter am Grab erzählten verstört den jüdischen Führern, was geschehen war. Doch diese wiesen sie an, herumzuerzählen, die Jünger Jesu seien gekommen und hätten den Leichnam gestohlen.

Zwei der Jünger Jesu gingen am Abend dieses ersten Tages der Woche in ihre Heimatstadt Emmaus zurück. Jesus gesellte sich zu ihnen, aber sie erkannten ihn nicht. Er erklärte ihnen, welche Beziehung das Ganze zu dem habe, was Gott in den Schriften des Ersten Bundes schon angekündigt hatte. Der Messias müsse nämlich leiden, bevor er verherrlicht werde.

Als der Fremde mit ihnen bei Tisch saß und Brot nahm, sich bedankte, das Brot brach und ihnen gab, da endlich erkannten sie, dass es Jesus war, der mit ihnen auf dem Weg gewesen war. Sie gingen sofort nach Jerusalem zurück und erzählten den Freunden Jesu, was sie gesehen und gehört hatten.

Matthäus 27,37–28,15, Lukas 24,13–35

43 Begegnungen mit dem Auferstandenen

Die Neuigkeit der Jünger von Emmaus passte zu dem, was man sich schon in Jerusalem erzählte. Nach den Frauen, die vom leeren Grab gekommen waren, hatte auch Petrus Jesus gesehen. Während sie so über Jesus sprachen, erschien dieser in ihrer Mitte mit den Worten: *Friede sei mit euch.* Sie waren zuerst sehr erschrocken und dachten, es sei ein Geist. Jesus aber beruhigte sie: *Warum seid ihr so ängstlich und zweifelt? Schaut meine Hände an und meine Füße und berührt mich. Kein Geist hat Fleisch und Knochen wie ich.* Dann aß er vor ihren Augen ein Stück Fisch und erklärte ihnen erneut, dass die Schriften des Ersten Testamentes auf seine Leiden hinwiesen und auch schon von seiner Auferstehung sprächen. Dann beauftragte er sie, zu den Menschen zu gehen und ihnen zu sagen, dass sein Neuanfang nach dem Tod für sie das Startsignal sei, miteinander und mit Gott neu anzufangen.

Der Apostel Thomas fehlte bei diesem Zusammentreffen. Er wollte es einfach nicht glauben, dass Jesus wirklich lebte. Ohne eine persönliche und vor allem eine Erfahrung, die mit Händen zu greifen sei, war er nicht zu überzeugen. Als Jesus eine Woche später wieder zu seinen Jüngern kam, forderte er Thomas auf, die Wunden an den Händen und an der Seite zu berühren. Allein diese Einladung brachte Thomas zum Glauben, und er rief aus: *Mein Herr und mein Gott.* Jesus erwiderte darauf: *Weil du mich gesehen hast, Thomas, glaubst du. Selig sind, die nicht sehen und doch glauben.*

Trotz dieser Erfahrungen mit dem Auferstandenen machten sich Petrus und einige andere Jünger lieber wieder an ihre alte Arbeit. Sie gingen zum See von Galiläa zurück, aber sie fingen schon in der Nacht keinen einzigen Fisch. Beim Morgengrauen stand Jesus am Ufer des Sees. Sie erkannten ihn aber nicht sofort. Er forderte sie auf, ihre Netze noch einmal auszuwerfen. Da fingen sie so viele Fische, dass ihr Boot nicht groß genug war, diese an Land zu bringen.

Am Ufer aßen sie dann mit Jesus zusammen Brot und Fisch. Jesus nahm Petrus zur Seite und fragte ihn dreimal: *Liebst du mich?* Dreimal antwortete Petrus, dass er Jesus liebe, und dreimal sagte Jesus zu ihm: *Weide meine Schafe.* Am Schluss sagte er ihm voraus, dass er einen gewaltsamen Tod sterben würde.

Jesus tat noch manches andere nach seiner Auferstehung. Aber nicht alles wurde aufgeschrieben. Was jedoch in der Bibel steht, wurde erzählt, damit alle Menschen glauben, dass Jesus der Sohn Gottes ist, und dass sie durch diesen Glauben das ewige Leben erhalten.

Lukas 24,36–53, Johannes 21

44 Jesus gibt Kraft für eine neue Gemeinschaft

40 Tage nach Jesu Auferstehung machten die Jünger die Erfahrung, dass Jesus von der Erde in den Himmel aufgenommen wurde. Er versprach ihnen den Heiligen Geist und sandte sie aus, in der ganzen Welt das Evangelium zu verkünden. Sie sollten alle Menschen taufen auf den Namen des Vaters, des Sohnes und des Heiligen Geistes.

Doch die Jünger trauten sich das noch nicht sofort. Als in Jerusalem zehn Tage später ein großes Erntefest gefeiert wurde, blieben sie voller Angst im Abendmahlssaal. Auch Maria, die Mutter Jesu, war da. In der Stadt hielten sich Leute aus den unterschiedlichsten Regionen und Ländern auf. In dem ganzen Sprachgewirr verstand kaum einer den anderen. Da entstand ein Brausen vom Himmel, und der Heilige Geist kam in Gestalt von Feuerzungen auf die Jünger herab. Sie standen auf und stellten sich auf den Marktplatz. Und die Leute wunderten sich, dass sie sofort verstanden, wovon Jesu Jünger sprachen. Manchem ging es so zu Herzen, dass er sich gleich taufen ließ.

Viele Menschen, die Petrus hörten, erkannten die Wahrheit seiner Predigt. Sie wurden Christen und bildeten bald eine Gruppe von mehr als 3000 Menschen in Jerusalem. Ihr Glaube an Jesus und seine Auferstehung gab ihnen auch eine ganz neue Einstellung zum Eigentum. Sie teilten ihren Besitz miteinander und trafen sich zum Gottesdienst nicht mehr nur im Tempel, sondern auch in ihren Häusern.

Die Apostel beauftragten durch Handauflegung sieben Männer mit der Armenversorgung. Man nannte sie Diakone, weil ihr Hauptdienst die Diakonie war, die Verantwortung für die Bedürftigen. Stephanus, einer von ihnen, wurde vor Gericht gestellt. Er war aber so klar in seiner Argumentation, dass die Juden ihn rasend vor Wut steinigten. Im Sterben bekannte er: *Ich sehe Jesus zur Rechten Gottes stehen!*

Die Christen wurden immer stärker verfolgt. Ein besonders großer Christenhasser war Saulus, ein frommer, aber hitziger Pharisäer aus Tarsus in Kleinasien. Er ließ sich eine offizielle Berechtigung ausstellen, in Damaskus Leute vom so genannten »Neuen Weg« gefangen zu nehmen. Auf dem Weg nach Damaskus kam jedoch plötzlich ein Lichtstrahl vom Himmel. Saulus hörte eine Stimme: *Saul, Saul, warum verfolgst du mich?* Saulus stand blind vor Schreck auf und ließ sich nach Damaskus führen. Dort wurde ihm der Weg zu dem Christen Hananias gezeigt. Ihm wurden die Augen geöffnet und der Heilige Geist kam auf ihn herab. Saulus ließ sich taufen und begann unter dem neuen Namen Paulus zu verkünden, dass Jesus der Sohn Gottes sei.

Apostelgeschichte 1,1–9,22

45 Das Wirken des Apostels Paulus

Der christliche Glaube breitete sich trotz aller Widerstände immer weiter aus. In der griechischen Hauptstadt Athen ging Paulus geradewegs auf den Areopag, dem zentralen Göttersitz. Dort wurde er zwar wie ein Weltwunder bestaunt, aber er konnte nur wenige Menschen bekehren. In Korinth fanden einige Bürger zum Glauben an Jesus Christus.

In Ephesus an der Mittelmeerküste der heutigen Türkei brachte Paulus die Silberschmiede gegen sich auf. Diese lebten von der Herstellung kleiner Statuen der Göttin Artemis. Sie fürchteten um ihr Geschäft, denn Paulus predigte so erfolgreich, dass viele von Artemis zum christlichen Glauben umschwenkten. Paulus wollte sich den aufgebrachten Leuten stellen, aber die Christen, die es dort schon gab, rieten ihm davon ab. Man überließ es den örtlichen Behörden, die aufgebrachte Menge wieder abzuwiegeln.

Da die Gefahren für ihn immer größer wurden, kehrte Paulus wieder nach Jerusalem zurück. Jakobus gab Paulus den Rat, öffentlich zu demonstrieren, dass er nichts gegen das jüdische Gesetz habe. So kam Paulus auf die Idee, sich nach Art bestimmter jüdischer Propheten die Haare schneiden zu lassen und sich unter die Juden zu mischen, die in den Tempel gingen.

Aber als ihn Juden aus der Provinz Ephesus, die in Jerusalem zur Wallfahrt waren, dort erkannten, stachelten sie das Volk so heftig gegen Paulus auf, dass er bis vor den Statthalter Felix geschleppt wurde. Im Gespräch mit Paulus war dieser so fasziniert von seiner Gestalt und dem, was er sagte, dass er sich fast selbst zum christlichen Glauben bekehrte. Er wollte Paulus freilassen, griff aber dessen eigenen Vorschlag auf, ihn als römischen Bürger dem Urteil des Kaisers zu unterwerfen.

So wurde Paulus auf ein Schiff verbracht, das ihn nach Rom brachte. Dort wurde er von den Christen, die es dort schon gab, freundlich begrüßt. Die Römer nahmen ihn nicht in Haft, sondern gaben ihm lediglich Hausarrest. Er konnte sich etwa zwei Jahre lang frei in der Stadt bewegen und hatte oft Gelegenheit, die Botschaft von Jesus und seiner Auferstehung dort zu verkünden. Manche Bibelforscher meinen, Paulus sei zu einer weiteren Missionsreise nach Spanien aufgebrochen. Gestorben, so sagen einige, sei er im Jahr 67 nach Christi Geburt. In Rom selbst verfestigte sich 100 Jahre später die Vorstellung, Paulus sei ungefähr im Jahr 62 nach Christi Geburt während einer Christenverfolgung enthauptet worden.

Apostelgeschichte 9,23–28,26

46 Mit Jesus ist jeder Mensch auf Gott ausgerichtet

Der erste Brief in der Bibel ist ein langer Brief des Apostels Paulus an die Gemeinde in Rom. Weil er bis dahin noch nie persönlich dort war, stellt er sich darin zunächst selbst vor als *Knecht Jesu Christi, der berufen ist zum Apostel, um das Evangelium Gottes zu verkünden.* Die Gemeindemitglieder nennt er alle Heilige, weil sie durch die Taufe und ihren Glauben schon ganz zu Gott gehören.

Dann stellt er dar, dass alle Menschen gleich sind: Sie wissen, was Gott von ihnen will, und tun es dennoch nicht. Aus diesem Grund hat Gott durch Moses den Juden das Gesetz gegeben. Doch das hat dazu geführt, dass die Menschen der Überzeugung waren, nur noch das Gesetz erfüllen zu müssen. Das hat sie aber überfordert. Sie konnten angesichts der Vorschriften für Glaube und Leben nur noch sagen: Wir schaffen es nicht. Tragisch sei, so der Apostel, dass diese Überanstrengung für Gott gemacht wurde.

Gott aber hat Jesus gesandt, damit die Menschen merken, was aus Vorschriften werden kann. *Gott hat seine Liebe zu uns darin vollendet, dass Jesus für uns gestorben ist*, schreibt Paulus. Jesus wurde zum Opfer der religiösen Gesetze und hat gleichzeitig ein neues religiöses Leben gelebt: Er hat seine Feinde weiter angeschaut. Er hat für sie gebetet. Er hat sie nicht verdammt. Er hat bei seinem Vater für sie sogar noch um Verzeihung gebeten, als sie ihn ans Kreuz brachten.

Jesus ist der erste Mensch, der vollkommen auf Gott und die Menschen ausgerichtet gelebt hat. In ihm ist die Gottes- und Menschenliebe vollendet. Gott hat seinen Sohn vom Tod *durch* die Menschen auferweckt, damit er nun für immer ein Bruder *für* die Menschen bleibt. Jetzt zählt allein, ob man sich von Jesus anschauen lässt, indem man sein Wort in der Bibel liest und in der Gemeinde danach sucht, so zu beten und zu leben wie er. *Wenn Christus in euch ist, dann seid ihr immer richtig ausgerichtet,* schreibt Paulus.

Weil er ja auch Jude ist, beschäftigt Paulus sich dann mit der Frage, was denn aus dem Volk Israel wird. Er benutzt hier das Bild vom Baum, der aus einer Wurzel verschiedene Zweige hervorbringt. Die Juden sind für ihn die Wurzel, aus der auch Jesus hervorgegangen ist: »Sind die Wurzeln heilig, dann sind es auch die Zweige.« Sollten sich einige Christen für besser halten als jene, die Juden geblieben sind, sollten sie an den Grundsatz denken: »Nicht du trägst die Wurzel, sondern die Wurzel trägt dich.«

47 Jesus wird durch die Gemeinde lebendig

Ob zu Hause oder in der Stadt, in der Gemeinde oder in einem Verein: Der Apostel Paulus weiß, dass jeder von Jesus bestimmte Fähigkeiten bekommen hat. So verschieden diese auch sind, so sehr müssen sie der Gemeinschaft und dem Einzelnen darin dienen. Damit das möglich ist, hat Gott, so schärft der Apostel in seinen Briefen seinen Leuten ein, den Menschen die Liebe als die grundlegende Gabe geschenkt: *Wenn ich alles könnte, aber die Liebe nicht hätte, wäre ich nichts.*

Die Liebe sei langmütig und gütig, sie eifere nicht und blähe sich nicht auf. Sie handle niemals ungehörig und würde das Böse nie nachtragen. Sie mache auch dazu fähig, die eigene Unvollkommenheit und die Unvollkommenheit der anderen zu ertragen. Das Grundlegende, was die Menschen weiterbringe, sei neben der Liebe als größter Gabe Gottes der Glaube und die Hoffnung.

Dass Liebe, Glaube und Hoffnung nie umsonst sind, schärft der Apostel seinen Gläubigen besonders mit den Worten über die Auferstehung der Toten ein. Gott wird alle guten Bemühungen der Menschen aufgreifen. Keiner, der stirbt, löst sich einfach in Luft auf. Alles Vergängliche und alles

Vergebliche werden von Gott mit Unvergänglichkeit und Sinn erfüllt. *Tod, wo ist denn dein Sieg? Tod, wo ist denn dein Stachel!*, fragt er herausfordernd. Die Gläubigen sollen immer daran denken, dass ihre Mühe, mit Jesus zu leben und seinetwegen zu glauben, zu hoffen und zu lieben, nicht vergeblich sei.

Paulus spricht auch von seinem Aposteldienst. Ganz selbstbewusst schreibt er vom *Wohlgeruch Christi*, der sich durch seinen Einsatz überall ausbreite. Damit seine Botschaft besser ankomme, hätte er mit Absicht alles getan, um den Gemeinden nicht zur Last zu fallen. Seine Stärke bestehe darin, dass er auch um seine Schwächen wisse. Zwar habe er Gott öfter gebeten, ihn richtig stark zu machen, doch habe ihm Gott nur gesagt: *Meine Gnade muss dir genug sein!* So lernten die Gemeinden, dass es immer um Gott geht und nie um Paulus oder andere starke Einzelpersonen. Nur so ist ihr Zusammenhalt von Dauer.

48 Jesus verbindet zu einer Gemeinschaft

Ob man Jesus wirklich trauen kann, das war schon bei den ersten Christen eine große Frage. Im Brief an die Galater wirft der Apostel Paulus seine ganze Autorität in die Waagschale. Er sei, schreibt er ausdrücklich, *nicht von Menschen oder durch einen Menschen, sondern er sei durch Jesus Christus und durch Gott, den Vater, der Jesus von den Toten auferweckt hat*, zum Apostel berufen worden. So sei er umso mehr erstaunt, wie schnell die Gemeinde der Galater wieder vom Glauben abgefallen sei. Die Gemeinde solle sich daran erinnern, wie begeistert sie gewesen war. Sie solle, so Paulus wörtlich, doch *nicht unvernünftig* sein und sich nicht von irgendwelchen Leuten in die alte Orientierung an tote Buchstaben des Gesetzes treiben lassen oder zu anderen Arten von Religion. Ihre Alternative sei *Freiheit oder Knechtschaft.* Die Gemeinde solle doch nicht ins das alte Beißen und Zanken um irgendwelche Vorschriften und Prinzipien verfallen. Das sei Knechtschaft. Sie solle sich vielmehr vom Geist Jesu leiten lassen, der zu *Liebe, Freude, Friede, Langmut, Freundlichkeit, Güte, Treue, Sanftmut und Selbstbeherrschung* befähige. Die Freiheit, von der Jesus gesprochen habe, sei nicht an ein bestimmtes Stück Land gebunden, sondern verwirkliche sich in einer Gemeinde, die von Jesus jene Liebe gelernt habe, durch die einer des anderen Last zu tragen bereit sei.

Der Brief an die Epheser spricht ausdrücklich von der Kirche. Dieses Wort kommt von dem griechischen Wort Kyrios (Herr). Damit ist Jesus gemeint, der im Epheserbrief als der Kopf der Kirche bezeichnet wird. Alle Getauften seien der Leib Christi, den Gott schon vor der Erschaffung der Welt erwählt habe. *Bekleidet euch mit dem neuen Menschen, der nach dem Bild Gottes geschaffen ist in wahrer Gerechtigkeit und Heiligkeit.*

Paulus selbst bezeichnet sich als gelungenes Werkzeug Gottes für diesen neuen Bau einer Völker übergreifenden Gemeinschaft, die allerdings aufpassen müsse, dass sie die Einheit nicht verliere. Als Getaufte müssen die Christen den alten Menschen, der ohne Gott groß werden wolle, überwinden und ein neues Leben verwirklichen. Das bestehe darin, Jesus anzuerkennen, in dem alle Menschen vor Gott schon groß sind. Und das neue Leben müsse sich vor allem in Ehe und Familie auswirken. Wörtlich schreibt Paulus: *Einer soll sich dem anderen unterordnen in der gemeinsamen Ehrfurcht vor Christus.* Das alles sei kein Spaziergang, endet der Brief, sondern ein Kampf für das Evangelium vom Frieden, als dessen Gesandter er im Gefängnis sitze.

49 Jesus verbindet Himmel und Erde

In Philippi hatte Paulus seine Lieblingsgemeinde. Diese war seine erste Gründung auf europäischem Boden während seiner zweiten Missionsreise um das Jahr 50. Der Apostel, der im Gefängnis sitzt, schreibt: *Ich danke dem Herrn Jesus jedes Mal, wenn ich für euch alle bete. Ich vertraue darauf, dass Gott das Werk, das er bei euch begonnen hat, auch vollenden wird.* Paulus mahnt die Gemeinde zusammenzuhalten. Dann fügt er eines der Lieder ein, die in den ersten christlichen Gottesdiensten gesungen wurden von *Jesus, der Gott gleich war,* aber nicht daran festhielt, sondern sich erniedrigte bis zum Tod, um dann von Gott erhöht zu werden für alle Menschen. Wer das fest glaube, habe Anteil an diesen Menschen im Himmel. Von dort her bekäme auch jeder die Kraft, standhaft zu bleiben gegen solche, die sich zwar Christen nennen, aber eigentlich nur Irrlehren verbreiteten. »Seine« Gemeinde solle sich bloß vor solchen Leuten hüten. Dann vertraute er ihr an, was er für sich nach seinem Tod erwartet: *Unsere Heimat ist doch im Himmel. Von dort wird Jesus kommen und unseren sterblichen Leib seinem Auferstehungsleib ähnlich machen.*

Im Brief an die Kolosser schreibt Paulus einer Gemeinde, die er nicht persönlich kennt. In ihr hatten sich einige Leute Wahrsagern zugewandt und Astrologen befragt. Um sie zum ursprünglichen Glauben zurückzuführen, schreibt er auch ein Jesuslied, in dem die Schöpfung und Jesus in einen Zusammenhang gestellt werden: *Jesus ist der Erstgeborene der ganzen Schöpfung, weil in ihm alles erschaffen wurde im Himmel und auf Erden.* Wer so bete und bekenne, trage zu einer Gemeinde bei, in der man einander dienen wolle. Durch die Taufe müsse man einfach die Kraft haben, ohne alle Überheblichkeit zu leben. Denn es sei pure Eitelkeit, sich durch die Befragung der Sterne oder eine besondere Körperbehandlung spirituell verbessern zu wollen.

Christen sollen vielmehr innen und außen strahlen vor aufrichtigem Erbarmen, Güte, Demut, Milde und Geduld. Am Ende blitzt auf, wie die ersten Gemeinden ihren Gottesdienst verstanden: Sie hörten das Wort Christi, durch das er nach ihrem festen Glauben persönlich bei ihnen war. Sie lehrten und sie ermahnten einander. Sie brachen das Brot miteinander. Und sie sangen *Gott mit ganzem Herzen Psalmen, Hymnen und Lieder, wie sie der Geist eingibt.* Denn sie wussten: Gottes Nähe würde nie von ihnen weichen.

50 Jesus muss man richtig verstehen!

Der älteste erhaltene Brief des Apostels Paulus ist an die Gemeinde in Thessaloniki gerichtet. Paulus hatte diese auf seiner zweiten Missionsreise zusammen mit Timotheus um das Jahr 50 nach Christus gegründet. Als er schon zur Predigt in Athen war, sandte er Timotheus dorthin zurück, denn er sorgte sich um die Entwicklung der frisch gegründeten Gemeinde. Als Paulus Timotheus wieder traf und den aktuellen Bericht hörte, schrieb er den ersten Thessalonicherbrief. Dieser beginnt mit einem großen Dankgebet für die Berufung der Gemeinde, die *ein großes Vorbild* geworden sei für viele andere Gemeinden. Als Apostel hätte er sich dort sehr wohl gefühlt, weil die Leute die Botschaft von Jesus Christus mit offenem Herzen aufgenommen hätten. Es sei ja kein Menschenwort, sondern sei in Wahrheit ein Gotteswort.

Dann mahnt sie ihr Gründervater, sie sollten ihre ganze Ehre darin setzen, ruhig zu leben und mit ihren Händen zu arbeiten. So dürften sie die Hoffnung haben, am Ende ihrer Tage *für immer beim Herrn* zu sein. Damit meinte Paulus vor allem, dass Jesus nicht nur den einzelnen Menschen beim persönlichen Sterben vollendet, sondern am Ende der Zeit die ganze Welt in seiner Hand halten wird.

Im zweiten Brief an die Thessalonicher wird spürbar, dass die Gemeinde unterwandert wird von Wirrköpfen. So mahnt der Apostel eindringlich: *Lasst euch durch nichts und durch niemanden täuschen.* Sie sollen auf jeden Fall aufpassen, dass sie nicht das Wiederkommen Jesu verpassten, der diese Wirrköpfe auf jeden Fall entlarven werde. Einfältige Gemüter hätten sich zum Beispiel sagen lassen, sie bräuchten nicht zu arbeiten, da Jesus ohnehin bald alles neu machen werde. Dem hält Paulus entgegen: *Wer nicht arbeitet, bekommt auch nicht zu essen. Wir hören, dass einige sich herumtreiben und nicht arbeiten. Wir befehlen allen, sie sollen arbeiten und ihr selbstverdientes Brot essen.*

51 Warnung vor falschen Lehren

In den Pastoralbriefen wenden sich verschiedene Briefschreiber an kleinere oder größere Gemeinden, um sie im Glauben zu stärken. Beim ersten Brief an Timotheus fällt der Autor gleich mit der Tür ins Haus und warnt vor den Streitfragen, die durch falsche Lehrer in der Gemeinde diskutiert werden. *Dadurch sind manche vom neuen Weg abgekommen und haben sich leerem Geschwätz zugewandt.* Statt leerer Diskussionen sollen sie lieber beten und danken, dass sie die Wahrheit erkannt hätten: Einer ist Gott. Und einer sei der Mittler zwischen Gott und den Menschen: Jesus Christus. Ihn hätten die Engel geschaut. Er würde allen Menschen verkündet. Man glaube an ihn in der Welt. Und er sei in die Herrlichkeit des Himmels aufgenommen worden. Wer sich an dieses Bekenntnis halte, der wäre auch in der Lage, ein Leben der Hoffnung zu führen. Am Ende würde Jesus wiederkommen, *der allein die Unsterblichkeit besitzt.*

Im zweiten Brief an Timotheus wird der Ton persönlicher. Paulus spricht seinem Schüler Mut zu, in allen Anfechtungen ein aufrechter Christ zu bleiben. Schließlich sei Christus gestorben, damit seine Gläubigen mit ihm lebten. Er könne ihnen niemals untreu werden, auch wenn sie das könnten. Deswegen solle er das Wort Gottes aufrecht verkünden, gleich, ob man es hören wolle oder nicht.

Der Brief an Titus ist ein offizieller Brief, der den Adressaten bevollmächtigt, in den Gemeinden geeignete Vorsteher einzusetzen. »Sie sollen das Gute lieben, Gastfreundschaft hegen, besonnen, gerecht, fromm und beherrscht sein.«

Der eher private Brief an Philemon gibt Einblick in die Feinfühligkeit des Apostels Paulus. Es geht um den Sklaven Onesimus. Dessen Herr war in der Gemeinde an der Reihe, für ein Jahr Paulus bei der Mission zu unterstützen. Um nicht selbst gehen zu müssen, hatte er seinen Sklaven zu Paulus geschickt. Nun musste Paulus ihn zurückschicken, obwohl ihm dieser Mann mittlerweile ans Herz gewachsen war. Deshalb bittet der Völkerapostel in diesem Brief den Philemon um eine Verlängerung der Dienstzeit seines Sklaven.

52 Jesus bedeutet das Ende aller Religionen

Etwa fünfzig Jahre nach der Auferstehung Jesu gibt es schon viele christliche Gemeinden. Diese sind noch alle sehr klein. Viele von ihnen kennen sich noch gut in der jüdischen Tradition aus. Als die Christen immer stärker verfolgt werden, erinnert sich ein belesener Autor, dessen Name nicht bekannt ist, an die großen Hoffnungszeiten des Volkes Israel. Dieses hatte einen Hohenpriester, der für das Volk in das heilige Zelt ging, um dort Pflanzen und Tiere zu opfern. So versuchten die Gläubigen, mit Gott in Kontakt zu kommen. In der Wüstenwanderung und später im Tempel in Jerusalem war dieser Ritus der wichtigste von allen. Gläubige Juden praktizierten ihn, bis der Tempel zerstört wurde.

Im Brief an die Hebräer erinnert der Autor an diese Kraftquelle und deutet sie auf Jesus um. Jetzt sei Jesus der Hohepriester. Das Zelt sei im Himmel. Der Altar sei das Kreuz. Das Opferlamm sei Jesus selbst. Er nähme alle Menschen mit zum Vater. Er sei Priester für uns Menschen und zugleich Gottes Sohn für uns Menschen. Er habe weinen und klagen müssen wie wir. Er habe die Sünden der Menschen auf sich genommen und sei selbst nicht in die Sünde gefallen. Als erster Mensch, den Gott neu erschaffen hatte, sei er unser Anwalt bei Gott. *Er ist der Abglanz des ewigen Vaters. Er trägt das gesamte Weltall durch sein Wort. Er hat die Reinigung von den Sünden bewirkt. Er hat sich zur Rechten Gottes in der Höhe gesetzt.*

Wenn alle Religionen bis dahin versucht hätten, durch Opfer oder andere Riten in Kontakt mit Gott zu kommen: In Jesus hätten die Menschen jetzt einen Kontakt zum Vater, der alle Opfer überflüssig mache.

Mit diesen Aussagen verkündet der Brief an die Hebräer, dass sich der Sinn der Religionen erfüllt hat. Sie sollten ja die Menschen auf Gott hin öffnen. Jetzt aber sei Jesus gekommen, in dem jeder Mensch persönlich zu Gott geführt wird. Dieser Ausblick weckt eine Hoffnung, die einem niemand mehr nehmen kann.

Jesus Christus sei derselbe gestern, heute und in Ewigkeit. *Durch ihn lasst uns im Gottesdienst immer neu das Opfer des Lobes darbringen durch unsere Lippen, die Gottes Namen preisen.*

53 Christlich leben heißt lieben

Dem Hebräerbrief folgen sieben Briefe, die nicht an einzelne Gemeinden gerichtet sind. Es sollen sich alle Christen angesprochen fühlen, die 60 Jahre nach der Auferstehung in der damals bekannten ganzen Welt praktisch schon überall lebten. Deshalb nennt man diese Schreiben »Katholische Briefe«. Das Wort Katholisch meint dabei nicht eine Konfession, sondern heißt »allgemein, universal«.

Der Jakobusbrief wurde vom Leiter der Urgemeinde in Jerusalem verfasst, der im Jahr 62 n. Chr. den Märtyrertod erlitt. Er richtet sich an Gemeinden, die aus der jüdischen Tradition leben. Es heißt darin, dass der Glaube ohne die zugehörigen guten Taten tot sei. Er lebe vom Hören auf das Wort Gottes. Dadurch werde der Mensch zum wahren Gottesdienst fähig: die Armen tatkräftig zu lieben. Deshalb dürften sich auch die Kranken in der Gemeinde besonders beheimatet fühlen. Sie sollten aktiv einen Gemeindeleiter rufen, der über sie beten und sie mit Öl salben sollte. Damit würden ihnen alle Sünden vergeben, und sie könnten sogar auf Heilung hoffen.

Der erste und der zweite Petrusbrief richten sich an Gemeinden im nördlichen und westlichen Kleinasien. Die Empfänger dieser Briefe sind vorwiegend Christen, die nicht in der jüdischen Tradition zu Hause sind. Sie würden sich bestimmt oft allein fühlen, so meint der Verfasser, aber es gehöre zum Christsein, dass man sich in seiner Umwelt fremd und heimatlos vorkomme. Dadurch würde noch deutlicher, wie sehr Christen auserwählt seien. Sie sollten sich sogar freuen, *Anteil an den Leiden Christi* zu haben; so könnten sie auch bei seiner siegreichen Wiederkunft mit Recht jubeln. Notwendig sei aber, dass sie *nüchtern und wachsam* seien, um sich ihre Berufung zur Nachfolge Jesu zu bewahren. Vor allem aber sollten sie die Bibel in Ehren halten und sich davor hüten, diese nur nach eigenem Gutdünken auszulegen, denn in den Heiligen Schriften sei niemals *eine Weissagung aus dem Willen eines Menschen geboren worden, sondern vom Heiligen Geist getrieben hätten Menschen im Auftrag Gottes geredet.*

In den drei Johannesbriefen sind der Grundtenor die Liebe und die Botschaft von der Vergebung der Sünden. So sollten die Christen sich hüten vor der »vernichtenden Begierde, die in eurer Umgebung herrscht«. Nur so könnten sie Anteil an der göttlichen Natur erhalten. Diese sei in Jesus für immer mit den Menschen verbunden.

Der Judasbrief mahnt ebenfalls eine christliche Lebensführung an, deren Grundlage es sei, in der Liebe zu leben.

54 Jesus wird alles vollenden

Kurz vor der ersten Jahrhundertwende schrieb ein Christ mit Namen Johannes Visionen auf, die als Buch der Offenbarung den Abschluss der Bibel bilden. Während seines Exils auf der Mittelmeerinsel Patmos sah er zum Beispiel, wie der auferstandene Jesus die Kleingläubigkeit der sieben Gemeinden in Kleinasien ganz persönlich nimmt: *Ich werfe dir vor, dass du deine erste Liebe verlassen hast.* Die örtlichen Gemeinden werden zwar auch gelobt, aber vor allem legt Jesus, wie Johannes ihn sah, den Finger auf die Wunde der Untreue und der Lauheit. So wird der Gemeinde in Sardes gesagt, sie stünde in der Gefahr, schläfrig zu bleiben. Wenn das so bliebe, würde Jesus kommen wie ein Dieb, ohne sich vorher in besonderer Weise bemerkbar zu machen. Auch die weiteren Visionen beschreiben, wie nah Jesus den Gemeinden ist und wie einfach man zu seinem Gastgeber werden kann: Er stünde vor der Tür und würde beständig anklopfen. Man brauche nur die Tür zu öffnen, dann werde er eintreten und man würde gemeinsam Mahl halten.

Nach diesem Blick auf das Innere der Gemeinden richten sich die Visionen dann auf das Innere des Himmels. Der Autor greift die Bilder von Visionen der alten Propheten auf. Gott wird als einer geschildert, der immer die Mitte bleibt: Auf einem

Thron sitzend, umgeben von einem Hofstaat, kann ihm die Geschichte der Menschen nichts anhaben. Er unterstützt die Menschen, ihn zu finden und im Kampf gegen die Mächte des Bösen zu gewinnen. Dass Gott mit dem Menschen am Ende gewinnen wird, steht außer Frage, weil Jesus als Mensch für alle Menschen den Kampf gegen Sünde und Tod gewonnen hat. Im Bild des geschlachteten Lammes, vor dem sich Engel und Mächte niederwerfen, zeigt Gott, dass nur der Weg der ohnmächtigen Liebe zum Sieg führt.

Weitere Visionen vom Gericht Gottes betreffen die Weltstadt Rom, die als modernes Babylon sicher nicht bestehen bleibt. Am Ende wird ein Kampf des Teufels mit den Engeln geschildert, bei dem Gott mit seinen Boten siegt. Wer seinen Namen bei Gott eingeschrieben weiß und allein mit ihm verbunden lebe, wird Bürger des neuen Jerusalem. Diese neue Stadt wird nicht das Ergebnis der Anstrengung der Menschen sein, sondern kommt als Geschenk Gottes vom Himmel. Es ist die große Gemeinschaft der Menschen, die sich um den auferstandenen Jesus beim Vater versammeln und ihren Mitmenschen auf Erden entgegenkommen. Mit dieser Hoffnung sind Christen aktiv und verwirklichen, was sie glauben. Ein urchristlicher Gebetsruf drückt solche tätige Zuversicht aus. Er wurde zum letzten Wort der Bibel: *Amen. Komm Herr Jesus.*